일할 때
가장 많이
써먹는 수학

후카사와 신타로 지음 | 황혜숙 옮김

일할 땐 사칙연산 4가지만 알면 끝!

일할 때 가장 많이 써먹는 수학

센시오

모든 직장인에게 필요한
'일할 때 써먹는 수학'

오늘도 바쁜 걸음으로 출근하는 수많은 직장인들이 공통적으로 바라는 한 가지가 있다면 바로 이런 게 아닐까?

'업무 능력을 더 높이고 싶다', '일터에서 더 좋은 성과를 내고 싶다'.

그래서 많은 이들이 바쁜 시간을 쪼개서 책을 읽고 세미나에 참석하곤 한다. 효과가 있다는 자기계발 방법을 들으면 남들 따라서 한 번씩 시도해보기도 한다.

그렇다면 이렇게 물어보고 싶다.

'그런 정보 덕분에 실제로 업무 성과가 눈에 띄게 좋아졌는가?'

나는 수많은 비즈니스 서적을 집필했고, 연간 수십 회의 기업 연수와 경영스쿨 강의를 맡아 진행하고 있다. 직장인들을 가르치는 현장에서 일하는 내가 이런 말을 하는 것이 어불성설일지도 모르지만, 그래도 솔직히 말하겠다.

'그것만으로는 성과를 올릴 수 없다.'

왜 그럴까? 항간에 넘쳐나는 각종 방법론들이 문제를 근본적으로 해결해주지 않기 때문이다. 예를 들어 '사고력'이라는 주제를 생각해보자. 책이나 세미나에서 효과적인 사고방식을 배울 수는 있지만 그렇다고 '사고하는 힘'이 생기는 것은 아니다. 사고력에 대해 배우고 난 뒤 올바른 행동을 습관화한 사람만이 '사고하는 힘'을 손에 넣을 수 있다.

결국 본질은 사고 습관이다.

이 책의 목적은 바로 여기에 있다. 나는 '당신이 숫자로 생각하는 습관'을 들이기 바란다.

내가 지금껏 수많은 업무 현장과 교육 연수 과정에서 만났던 직장인과 전문직 종사자들 가운데 '일 잘하는 사람'은 분명 따로 있었다. 남들보다 업무의 질이 확연히 높은 이 사람들의 두드러지는 특징 한 가지는 바로 '숫자로 생각하는 힘을 지녔다'는 것이다. 이들은 '숫자로 생각하기'가 습관화되어 있어서 굳이 의도하지 않아도 언제고 이 사고방식을 자연스럽게 가동한다.

숫자로 생각하기의 장점은 광범위하지만 그중 몇 가지만 간단히 설명하자면 다음과 같다.

- 지금 눈앞에 있는 문제를 해결할 가능성이 커진다.
- '논리적 사고력'이 비약적으로 발전한다.
- 프레젠테이션에 설득력과 신뢰감이 생겨난다.
- 상사나 부하직원, 혹은 고객의 마음을 움직이는 능력을 얻는다.
- 혼자만의 생각으로 잘못된 판단을 내릴 가능성이 급격히 줄어든다.
- 업무의 생산성이나 속도가 비약적으로 향상된다.

이러한 장점을 통틀어 '업무의 질'이라고 표현할 수 있을 것이다. 이 책에서 말하는 '숫자로 생각하기'를 습관화함으로써 당신은 업무의 질을 극적으로 향상시킬 수 있다. 이 책은 당신이 숫자로 생각하는 습관을 자연스럽게 익히고, 숫자로 생각하는 힘을 자유자재로 활용할 수 있도록 안내할 것이다.

문과든 이과든, 수학적으로 일해야 유리하다

내가 강의와 연수에서 청중들에게 수없이 강조하는 이야기가 있다.

'수학을 공부할 필요는 없다.
하지만 수학적인 편이 유리하다.'

직장인에게 어려운 수학 문제를 풀 능력은 필요하지 않다. 그저 업무를 수행하는 방식이 수학적이면 된다. 그것이 유리한 이유는, 비즈니스에서 상당히 중요하고도 많은 비중을 차지하는 '얼마나'라는 질문에 숫자로 답할 수 있기 때문이다.

이 책에서는 일할 때 가장 많이 마주치는 여덟 가지의 '얼마나'라는 질문에 숫자로 답하기 위한 구체적인 방법을 소개한다. 수학에 자격지심을 갖고 있는 이들도 쉽게 익히고 충분히 활용할 수 있을 것이다.

다음은 업무에서 가장 많이 사용하는 '얼마나'에 관한 질문이다.

- '얼마나 가치 있는가?'
- '얼마나 얻을 수 있는가?'
- '얼마나 영향을 미치는가?'
- '얼마나 리스크가 있는가?'
- '얼마나 관련이 있는가?'
- '얼마나 필요한가?'
- '얼마나 안전한가?'
- '얼마나 더 상승할까?'

'일할 때 가장 많이 써먹는' 이 질문들을 스스로 만들어내고 또 숫자로 답할 수 있다면 당신이 일터에서 겪는 거의 모든 문제는 해결된 셈이다. 다시 말하지만 수험생들처럼 어려운 수학 공부가 필요한 일이 아니다. 사칙연산을 할 수 있는 계산 능력과, 이 책에서 소개하는 '숫자로 생각하는 법'을 아는 것으로 충분하다.

여덟 가지 '얼마나'에 묻고 답하는 법을 익힌 후, 당신이 하려는 이야기의 전달 방법과 효과는 극적으로 변하게 될 것이다.

당신이 인사 담당자라면 '신입사원과 경력직 사원 중 어느 쪽을 채용하는 편이 회사에 더 이득인지'를 경영진에게 설득력 있게 설명할 수 있을 것이다.

당신이 마케팅 부서에서 일한다면 '어떤 마케팅 문구를 택해야 고객들이 더 쉽게 지갑을 열 것인지' 효과적으로 제시할 수 있을 것이다.

누군가를 설득하는 힘은 열의도 화술도 아닌, 사실에 근거를 둔 반박할 수 없는 논리다. 그것을 가능하게 하는 것이 바로 숫자로 생각하고 설명하는 일이다.

팩트풀니스 시대에 더욱 절실한, 숫자를 다루는 능력

앞으로의 시대는 숫자로 생각하는 능력이 점점 더 필요해지리라 생각한다. 왜냐하면 정보로 세상을 읽는 '팩트풀니스' 세상이 되었기 때문이다.

요즘은 누구나 간단히 데이터나 정보를 손에 넣을 수 있다. 이런 시대에는 정보를 조사하고 팩트를 확인하는 능력, 혼자만의 생각으로 예측하지 않는 능력이 필요하다. 하지만 나는 여기에서 그쳐서는 안 된다고 생각한다. 우리에게는 팩트풀니스 세상을 움직일 한걸음이 필요하다. 즉, 숫자를 바탕으로 생각하는 사고 습관을 들이는 것이다.

평소에 숫자로 생각하지 못하는 사람은 아무리 수치화된 정보나 사실에 기반한 데이터가 있어도 그것을 올바로 읽거나 활용하지 못한다. 그 결과, 현상을 제대로 이해하지 못하고 계속 착각 속에서 일하게 된다.

그래서 나는 이렇게 단언하고 싶다.

'철저히 숫자로 생각하는 것이야말로, 팩트풀니스 시대에 필요한 단 하나의 사고법이다.'

이 책은 수학이 두려운 자칭 '문과 성향'의 사람들, 일터에서 더 효과적으로 일하는 법을 알고자 하는 이들, 지금껏 그리 친하게 지내지 못했던 숫자를 자유롭게 다루고자 하는 사람들이 쉽게 이해하고 실전에 적용할 수 있도록 만들었다. 숫자에 자신이 없는 사람일지라도 충분히 가능하다.

이 책이 당신의 업무나 인생을 헤쳐나가는 데 한 팀이 될 수 있다면, 저자로서 더할 나위 없는 기쁨이 될 듯하다.

제3장 일할 때 필요한 수학은 8가지만 알면 끝

제4장 숫자로 말할 수 없는 것을 숫자로 말하는 법

제 1 장

수학에 약한 사람은 없다
숫자로 생각하는
방법을 모를 뿐!

생각하라.

조사하고 탐구하며, 묻고 숙고하라.

- 월트 디즈니(Walt Disney)

직장인에게 어려운 수학 문제를 풀 능력은 필요 없다

나는 지금까지 수많은 업무 현장과 교육 연수 과정에서 1만 명이 넘는 직장인과 전문직 종사자들을 만나보았다. 그들 중 '일 잘하는 사람'은 분명 따로 있었다. 높은 성과를 올리는, 업무의 질이 확연히 높은 사람들은 뭐가 다를까? 그들을 관찰한 결과 직종이나 업무의 성격과 상관없이, 확연히 두드러지는 특징이 한 가지 있었다.

한마디로 말해, 하나같이 '숫자로 생각하는 힘을 지녔다'는 것이다.

평소에 숫자로 생각하지 못하는 사람은 눈앞에 수치화된 정보나 사실에 기반한 데이터가 즐비해도 그것을 읽지 못하고 활용하지도 못한다. 그 결과, 현상을 제대로 이해하지 못한 채 계속해서 착각과 오해 속에 일하게 된다.

이 모든 문제는 '숫자로 생각하는 습관'으로 해결할 수 있다.

> 숫자로 생각하는 습관 하나만으로 업무의 많은 문제를 해결할 수 있다.

'업무의 질'이 높다는 것은 곧 '사고의 질'이 뛰어나다는 이야기다. 그리고 사고의 질이 뛰어나다는 것은 곧 숫자로 생각할 수 있다는 의미다. 또한 이런 사람들은 '숫자로 생각하기'가 습관화되어 있어서 굳이 의도하지 않아도 언제고 이 사고방식을 자연스럽게 가동한다.

정리해서 말하면 이렇다.

- 업무의 질 = 사고의 질
- 사고의 질이 높다 = 숫자로 생각한다.
- 숫자로 생각할 수 있다 = 숫자로 생각하기가 습관화되었다.

숫자로 생각하는 습관. 그것 하나만으로도 일터에서 우리의 능력은 한 단계 업그레이드되는 정도를 넘어 압도적인 수준에 도달할 수 있다.

수학이 아니라 숫자로
생각하는 힘이 필요하다

지금부터는 '숫자로 생각하기'의 장점은 무엇인지, 직장인들에게 그 습관이 왜 필요한지를 조금 더 자세히 말해보려 한다. 실상 사람들은 장점이 뭔지 모르는 물건은 잘 구매하지 않는 법이다.

지금 어느 영업사원이 당신 앞에서 보험이나 투자 상품에 관해 열심히 설명하는 중이라고 상상해보자. 이때 당신이 가장 알고 싶은 정보는 아마도 그 상품의 장점이 아닐까? 다시 말해 '이것을 구매하면 내 인생에 어떤 이득이 될까?' 하는 부분일 것이다. 가격이나 차별화된 옵션 등은, 상품의 장점이 명확하다고 느낀 다음에 비로소 고려하는 사항이다.

마찬가지로 나에게 어떤 득이 되는지 알 수 없는 일은 억지로 시켜도 하지 않는다. '아무 생각 말고 그냥 시키는 대로 해'라는 말은 유감스럽지만 통하지 않는다. 즉, 사람은 장점을 알아야 행동한다는 것이 기본 원칙이다.

그렇다면 '숫자로 생각하는 것'의 장점은 무엇일까? 숫자로 생각하기는 당신의 인생에 놀라운 세 가지 이득을 가져다준다.

문제를 만들지 못하면 해결할 수도 없다, 문제 해결 능력 업!

먼저, 사물을 숫자로 생각하면 문제를 합리적으로 해결할 수 있다. 예를 들어 당신의 회사가 다음과 같은 사안을 놓고서 고민 중이라고 해보자.

A. 매출을 1억 원 이상 달성하기 위해 광고비는 얼마가 필요한가?

B. 내년에 신규 졸업자를 몇 명 채용하는 것이 적당한가?

C. 어떻게 하면 신규 사업의 매출이 오를까?

아마도 많은 사람들이 일터에서 위와 비슷한 종류의 문제를 수시로 맞닥뜨릴 것이다. 그리고 이런 문제를 원활히 해결할 수 있는가는 당신의 성과나 평가와 직결된다.

'문제 해결'이라는 행위는 크게 두 부분으로 나눌 수 있다.

① 문제를 만든다.

② 해결한다.

식으로 만들어보면 이렇다.

**문제를 해결하다(100%)
= 문제를 만들다(50%) + 해결하다(50%)**

사실 문제 해결에서, 실제로 해결하는 과정은 전체의 50퍼센트에 지나지 않는다. 나머지 50퍼센트는 '문제를 만드는 작업'에 해당한다. 그렇기 때문에 문제를 만들지 못하는, 즉 규정하지 못하는 사람은 영원히 문제를 해결할 수 없다.

단순해 보이지만 이는 아주 중요한 이야기다. **왜냐하면 문제의 절반은 '문제시되지 않은 문제'이기 때문이다.**

앞서 언급한 A, B, C의 문제를 살펴보자.

A와 B는 숫자로 생각해야 하는 문제지만, 문제C '어떻게 하면 신규 사업의 매출이 오를까?'는 다르다. A와 B의 경우는 분명한 수치를 답으로 요구하는 반면, C는 '어떻게'라는 질문에 대해 명확한 답의 형태가 정해져 있지 않다. 실제로 비즈니스 현장에는 오히려 C와 같은 유형의 문제가 압도적으로 많다.

이처럼 무엇을 요구하는지가 뚜렷하지 않은 문제의 경우에는 해결할 문제를 한층 더 구체화해야 한다.

예를 들어 신규 사업의 매출이 늘지 않는 것이 문제라면 원인이 '손님 수'에 있는지, '가격 설정'에 있는지 등을 구체적으로 파악한다. 만일 손님 수가 적은 것이 원인이라면 그 숫자를 어떻게 얼마나 늘릴까를 결정하고, 구체적인 방안을 마련해야 한다.

이처럼 불명확한 상황에 숫자로 접근하면, 애매한 문제를 구체화할 수 있으며 그 해결 방법을 찾기도 한결 쉬워진다.

기획안 퇴짜는 이제 그만. 설득의 힘을 장착한다

'숫자로 생각하기'의 두 번째 장점은 설득력이라는 향수를 몸에 뿌릴 수 있다는 것이다. '비즈니스 수학'을 주제로 하는 연수나 세미나에서 청중에게 '왜 이 자리에 참석했는가?'를 물어보면 이렇게 답하는 경우가 많다.

"제 주장에 설득력이 없는 것 같아서요. 기획안이나 제안서를 올리면 통 승인이 안 납니다."

나 역시 그런 고민을 하던 때가 있었다. 길게 설명하기 전에 다음의 두 가지 사례를 비교해보자.

A. "광고비가 1,000만 원 필요합니다. 비용 대비 효과를 높이도록 노력하겠습니다."

B. "당사의 광고비 1원당 매출은 3년 전부터 매해 7원, 8원, 9원

으로 조금씩 상승하여 효과적으로 매출을 올리고 있습니다. 올해는 10원을 목표로 마케팅을 추진할 계획입니다. 목표 매출액은 1억 원이므로 올해 광고비는 1,000만 원이 필요하다고 생각합니다."

B가 일을 더 효과적으로 추진하리라는 사실은 의심할 나위가 없다. 이처럼 업무와 관련된 발언이나 문서에 '숫자'가 들어가는 것만으로도 전달 방법과 효과는 극적으로 변한다.

비즈니스 세계는 설득의 연속이다. 누군가를 설득하는 힘은 열의도 화술도 아닌, 사실에 근거를 둔 반박할 수 없는 논리다. 그것을 가능하게 하는 것이 바로 숫자로 생각하고 설명하는 일이다.

설득력이라는 강력한 무기를 갖춘 사람은 남들보다 뛰어난 성과와 평가를 보상으로 받게 마련이다. 나는 설득력을 사람이 풍기는 '향기'와도 같다고 생각한다.

좋은 향기가 나는 사람은 좋은 인상을 준다. 그런데 냉정히 생각해보면 어떤 사람이 좋은 향기를 풍길 때든 그렇지 않을 때든, 외모 자체나 성격은 완전히 똑같다. 그런데도 향기 하나로 그 사람이 주는 인상이 달라지고 평가가 달라지는 것이다.

> 설득력은 사람이 풍기는 향기와 같다. 숫자를 통해 전혀 다른 인상을 남기고 신뢰를 좌우할 수 있다.

설득력 있는 프레젠테이션과 설득력 없는 프레젠테이션의 차이도 이와 같다. 내용은 비슷할지라도 숫자를 통해 설득력을 장착한 프레젠테이션은 전혀 다른 인상을 주고 신뢰를 좌우한다. 오래도록 기억에 남는 향기를 풍기는 사람과 향기 자체가 없는 사람. 일이 잘 풀리고 안 풀리고는 사실 이런 미미한 차이에서 판가름 나곤 한다.

'사실만 말하는 사람'이라는 신뢰를 얻는다

'숫자로 생각하기'의 마지막 장점은 앞선 두 가지 장점의 결과라할 수 있다. 즉, '신뢰를 얻는다'는 것이다.

세계적인 석학 한스 로슬링(Hans Rosling)은 저서 《팩트풀니스(Factfulness)》에서 이렇게 주장한다.

"앞으로 우리가 사는 세상은 사실(숫자)을 바탕으로 생각하거나이야기하는 것이 상식이 될 것이며, 그렇게 되어야 한다."

우리는 어떤 정보든 쉽게 손에 넣을 수 있는 시대를 살고 있다. 그래서 오해나 주관으로 사물을 논하는 사람의 '거짓 정보'는 금세탄로 나고 만다.

가령 누군가가 자세히 알아보지도 않고 "최근 청소년 범죄가 늘어나고 있다"라고 말했다고 해보자. 평소 뉴스에서 흉악한 10대범죄 소식을 많이 접한 사람들이라면 그 자리에서는 '그래? 정말 그런 것 같네.' 하고 생각할 것이다. 하지만 인터넷으로 조금만 검색해보면 사실, 즉 '숫자'는 다른 이야기를 하는 경우가 많다. 실제 데이터에 따르면, 청소년 범죄가 늘기는커녕 줄고 있을 수도 있다.

이처럼 사실(숫자)에 근거해서 이야기하지 않으면 자칫 거짓말쟁이로 낙인찍히기 쉽다. 잘 알지 못하면서 되는 대로 주장하는 사람이라는 인상을 주어서, 나중에는 어떤 발언을 해도 신뢰를 얻기가 어려워진다.

요즘은 프로 스포츠에서도 데이터를 기반으로 전략을 짜는 시대다. 얼마 전 관람했던 배구 경기에서는, 감독이 한 손에 태블릿을 들고 수시로 데이터를 확인하면서 선수들에게 지시하는 모습을 보았다.

축구 시합 중계를 할 때도 다양한 수치를 동원한다. 양 팀의 볼 점유율이나 선수의 이동 거리 등을 손쉽게 데이터로 확인할 수 있다는 사실이 그저 놀라울 따름이다. 이제는 감독들이 사실(숫자)을 바탕으로 이야기하지 않고 "너는 움직임이 부족해. 더 열심히 뛰어다녀!"라고 호통 치는 그림은 경기장에서 사라지지 않을까 생각한다.

사실(숫자)을 바탕으로 사물을 논하는 것이 당연한 세상. 우리는 지금 그런 시대를 살고 있다. 시대에 뒤처지지 않으려면 사실을 바탕으로 올바로 파악하고, 그것에 근거해 생각하는 습관을 들여야 한다.

당신이 실력만큼 평가받지 못하는 이유

우리가 숫자로 생각하고 판단할 때의 장점은 이렇게 정리할 수 있다.

- 문제 해결 능력이 향상된다.
- 설득력 있는 프레젠테이션을 할 수 있다.
- 팩트를 바탕으로 신뢰감을 준다.

이 세 가지 장점은 하나의 결과로 연결된다. 그것은 바로 '성과와 평가가 높아진다'는 것이다. 혼잡하고 애매한 문제를 명확히 규명하여 해결하는 것. 의견이 다른 누군가를 설득하여 추진력을 얻는 것. 본인의 업무 분야에서 전문가로 신뢰를 쌓는 것. 이 모두는 당신의 성과나 평가에 직결되는 일이다.

이것이 곧 '왜 일터에서 숫자로 생각해야 할까?'라는 질문에 대한 답이며, 당신이 이 책을 읽음으로써 얻을 수 있는 수확이기도 하다.

일할 때 쓰는 수학은
사칙연산이면 충분하다

세상에 '숫자에 약한 사람'은 없다

뭔가를 제대로 하기 위해서는 '그게 도대체 뭔지'를 알아야 한다. 다시 말해 정의하는 것이 먼저라는 소리다. 정의란 '어떤 개념이나 내용, 혹은 말의 의미를 확실히 정하는 것'이라 할 수 있다.

한번 연습해보자.

Q. '회의'를 정의하라

정해진 답이 있는 것은 아니다. '회의'라는 단어를 구체적이고 확실하게, 그리고 자유롭게 정의해보기 바란다. 일단 내가 내린 정의는 아래와 같다.

'회의란, 의사결정이나 정보 공유를 목적으로 필요한 사람들이

모여서 정해진 시간 내에 의사소통을 하는 활동.'

지금도 많은 회사에 불필요한 회의가 사라지지 않는 이유는 '회의'를 제대로 정의하지 않았기 때문이 아닐까 한다.

그럼 이 책의 주제인 '숫자로 생각하기'로 돌아가 보자. 숫자로 생각하는 방법을 익히기 위해서는 먼저 '숫자로 생각하기'를 정의해야 한다. 아마도 대부분의 사람들이 평소에는 생각해본 적이 없을 것이다. 하지만 평소 깊이 생각하지 않던 것을 유심히 들여다봄으로써 사물의 본질에 접근할 수 있다.

이제, 다음 질문에 대답할 차례다. 당신은 어떻게 생각하는가?

Q. '숫자'를 정의하라

모 기업의 영업사원은 "매달 목표 삼아서 달려가야 하는 대상"이라고 대답했다.

어느 경리부 직원은 "정리하는 것"이라고 말했다. 한 자릿수의 오차까지 점검하는 일을 하는 직종에 어울리는 답이다.

또 어느 경영자는 "상태를 알려주는 척도"라고 말했다. 회사의 경영 현황을 수치로 파악한다는 의미일 것이다.

'숫자'에 대해서는 사람마다 정의가 다르다. 다시 말해 절대적인 정답은 존재하지 않는다. 다만, 모든 직장인에게 공통되는 대답의 하나로 나는 이렇게 정의하고 싶다.

'숫자란 언어다.'

이 정의가 썩 와닿지 않는 사람도 아마 있을 것이다. 그럼 구체적으로 설명해보자.

당신이 편의점에서 물건을 사는 중이라고 해보자. 구매할 물건을 계산대에 가지고 가면 직원이 하나하나 바코드를 스캔해서 봉투에 넣으며 "만 1,000원입니다"라고 가격을 말해준다. 당신은 그 금액을 지불한 다음 직원이 건네주는 물건을 받아들고서 가게를 나온다.

자연스럽게 진행되는 이 과정에는 단 한 차례 커뮤니케이션이 존재한다. 사람과 사람 사이에 소통의 도구로서 '숫자'가 사용된 순간이다.

혹은, 당신이 회사 송년회 진행을 맡았다고 치자. 장소를 물색하고, 직접 찾아가서 업체와 자세한 상담을 한다. 업체에서는 이런 질문을 해올 것이다.

'인원은 몇 명인가?', '예산은 얼마를 생각하는가?', '몇 시간이나 장소를 빌릴 예정인가?'.

업체 입장에서 반드시 파악해야 하는 중요한 정보다. 그리고 이 역시 숫자를 커뮤니케이션의 도구로 사용하는 전형적인 예라 할 수 있다.

우리는 평소에 생각보다도 훨씬 다양한 상황에서 숫자를 사용한다. 그렇기에 숫자를 커뮤니케이션의 도구로 정의하는 것은 자연스러운 일이다.

다시 말해 '숫자란 언어다.'

이렇게 정의를 내림으로써 '숫자로 생각하기'의 첫걸음을 떼었다. 이쯤에서 슬쩍 한발을 빼는 사람들이 있을지 모르겠다. "나는 워낙 숫자에 약해서……"라는 변명과 함께 말이다.

그런 이들을 위해 중요한 한 가지 사실을 강조하려 한다. '숫자에 약하다'와 '숫자로 생각하는 것에 약하다'는 완전히 다른 이야기다.

이는 앞서 말한 숫자의 정의를 생각해보면 알 수 있는 일이다. 만일 당신이 '숫자에 약하다'라고 한다면 곧 '언어에 약하다'라고 말하는 셈이 된다. '언어에 약하다'란 도대체 무슨 뜻일까?

앞의 편의점 사례에서 '만 1,000원'이라는 말을 듣고 혹시 곤혹스러웠는가? 아니면 송년회 진행차 업체와 논의하는 내용을 보고 '왠지 어렵네'라고 생각했는가?

그렇지 않을 것이다. 그럼 사람들이 흔히 말하는 '숫자에 약하다'라는 것은 무엇에 약하다는 말일까?

> **(X) '숫자에 약하다.'**
> **(O) '숫자로 생각하는 것에 약하다.'**

정리하면 이렇다. **사실 우리는 '숫자'에 약한 것이 아니라, '숫자로 생각하는 것'에 익숙하지 않을 뿐이다. 숫자라는 언어 자체에 약한 사람은 거의 없다는 것이 나의 지론이다.** 우리는 의식하지 못할 뿐, 하루에도 무수히 숫자라는 언어로 소통하고 있기 때문이다.

'숫자로 생각하기'에 익숙하지 않다고 할 때, 핵심은 '숫자'가 아닌 '생각'에 있다. 다시 말해, '생각하는 것에 약하다'라는 의미다. 그렇기에

> 당신은 이미 숫자와 사이가 좋다. 그저 숫자로 생각하는 것이 익숙지 않을 않을 뿐이다.

우리가 해결해야 할 과제는 숫자 그 자체가 아니라, 생각하는 것에 있다. 즉 구체적인 사고방식만 알면, 이 문제는 해결된다는 뜻이다.

만일 당신이 '숫자에 약하다'라고 생각한다면 그것은 오해일 뿐이다. 당신은 이미 숫자와 사이가 좋다. 사용하는 언어가 싫은 것이 아니라, 그 언어로 생각하는 것에 익숙하지 않은 것뿐이다.

직장인의 계산 능력은 수학 점수와 상관없다

지금까지 설명을 듣고 항변하는 사람도 있을 것이다.

"무슨 말인지는 알겠는데…… 나는 그냥 숫자가 싫다니까요. 나처럼 계산을 끔찍이 못하는 사람도 있다고요."

물론 계산 능력에는 개인차가 있다고 생각한다.

실제로 어느 회사에서 연수를 했을 때, 한 직원이 휴식시간에 나를 찾아와 이렇게 이야기를 했다.

"저는 계산 실력이 정말 최악이에요."

"최악이라고요(웃음)?"

"웃으실 일이 아니에요. 정말 계산할 일만 생기면 진땀을 빼거든요."

"제가 아까 숫자란 뭐라고 했죠?"

"언어요."

"그럼 계산이란 뭐라고 생각하세요?"

"네?"

"숫자가 언어라면, 그것을 사용해서 하는 계산이란 뭘까요?"

"글쎄요……."

"제 답은 문장입니다. 여러 단위의 언어를 합쳐서 이어가는 거죠."

"그렇군요."

"한 가지 질문을 해볼게요. 이익이란 매출과 비용의 조합으로 이루어진 것이죠. 자, 매출에서 비용을 뺀 것이 뭘까요?"

"매출에서 비용을 빼면…… 이익이 남죠."

"방금 문장을 만드셨네요."

"그야 뭐……."

"자, 그럼 됐어요. 비즈니스에 필요한 계산은 뭐든 할 수 있어요."

계산을 한다는 것은 곧 '문장을 만든다'는 것임을 이해하겠는 가?

방금 전의 대화에 나왔던 '매출 − 비용 = 이익'이라는 말은 일터에서 흔히 사용하는 문장이자 기본적인 계산이다. 이익과 매출, 비용은 모두 숫자, 즉 언어다. 이 세 개의 말을 연결하는 행위가 바로 '계산'이다.

비슷한 예로 '원가 + 세금 = 가격'이라는 계산식을 생각해볼 수 있다. 이 또한 세 개의 언어를 연결한 것이며 일상생활에서 자주 쓰는 문장이다.

다음은 어떤가?

> **어느 기업의 한 사람당 생산성**
> **= 그 기업이 창출해내는 총부가가치(원) ÷ 종업원 수(명)**

위의 식에 포함된 생산성과 총부가가치, 종업원 수는 모두 숫자이며 언어다. 말을 연결하는 행위가 곧 계산이라는 것은 이런 뜻이다.

비즈니스에서 사용하는 계산은 반드시 몇 개의 언어를 연관 지어 문장으로 엮은 것이다. 초등학교 때 풀었던 수학 문제와 비교하면 무엇이 다른지 알 수 있을 것이다.

$$50 \div 4 + 42 \div 7 = ?$$

위의 식은 언어를 연결했다고 볼 수 없다. 왜냐하면 '50'이 무엇을 의미하는지, '4'가 무엇인지 알 수 없기 때문이다. 큰 숫자가 복잡하게 얽힌 문제를 학생 시절 책상 위에서 제아무리 척척 풀었다 할지라도, 일터에서 필요한 언어로서의 수학과는 아무 상관이 없다. 실제로 수치 계산은 전자계산기나 AI에 맡기면 된다.

직장인에게 필요한 계산 능력은 완전히 다르다. 간단히 말하면 '문장을 만드는 능력'이다. 나머지는 사칙연산(+ - × ÷) 정도로 충분하다. 그 간단한 연산마저도 직접 할 필요 없이 지시만 하면 된다. 숫자에 알레르기가 있는, 혹은 있다고 믿는 사람들도 괜찮다.

'숫자로 생각하기'는 누구나 가능하다.

'숫자로 생각하기'를 완성하는 세 가지 퍼즐 조각

지금부터는 한숨 돌릴 겸 문장을 만드는 연습을 해보자. 여러 개의 언어를 사용해 문장 만드는 감각을 익히는 시간이다. 다음의 문제를 읽고 문장을 만들 수 있다면, 일터에서 필요한 계산 능력은 99퍼센트 확보했다고 보아도 무방하다.

Q.1 매출을 표현하는 문장은?

Q.2 한 달 근무 시간을 가늠할 때 쓰는 문장은?

Q.3 효율적으로 돈을 벌고 있다는 것을 설명하는 문장은?

↓

A.1 매출＝받은 돈 － 나갈 돈＝입금액 － 지출액

A.2 한 달 근무 시간＝업무 시작부터 종료까지의 시간 × 근무 일수＋총 야근 시간

A.3 영업이익률＝영업이익÷매출

어떤가? 위의 답과 완전히 똑같지는 않더라도, 나름의 언어를 사용해 문장을 만들 수 있었는가? 숫자로 생각한다는 것이 그리 특별한 일이 아님을 이해했으리라. 지금까지 비즈니스에 필요한 숫자란 무엇인지, 그리고 계산이란 무엇인지를 정의해보았다. 이제 애초의 질문으로 돌아가서 '숫자로 생각하기'란 무엇인가를 정의해보자.

숫자로 생각한다는 것은 무엇일까?

숫자로 생각하기 = 정의 × 계산 × 논리사고

풀어서 말하자면 '숫자로 생각하기'란 정의하고, 계산하고, 논리사고를 사용하는 것이다. 여기서 마지막 언어인 '논리사고'는 조리에 맞게 생각하는 것을 뜻한다.

이 식은 세 요소의 곱으로 이루어졌다. '곱하기'로 연결되어 있으므로 어느 것 하나라도 부족하면('0'이라면) 그 값은 0이 된다.

앞의 첫 번째 문제 'Q.1: 매출을 표현하는 문장은?'을 예로 들어보자.

매출 = 받은 돈 − 나갈 돈 = 입금액 − 지출액

이 답에서는 어떤 논리사고를 사용했을까? 사실 이 문장에 쓰인 언어는 모호한 측면이 있다. 좀 더 구체적인 언어로 바꾸면 다음처럼 표현할 수도 있다.

매출 = 입금액 − 지출액
매출 = (평균단가×방문자 수×계약률) − (반품단가×반품 수)

만일 매출이 떨어지고 있다면 궁극적인 요인은 입금액이 줄고 있거나 혹은 지출액이 늘고 있거나, 아니면 양쪽 다일 것이다. 그 원인을 분명히 밝히는 것이 먼저다. 만일 지출액이 늘고 있다면 반품단가나 반품 수 중 어느 쪽이 늘고 있는지를 파악한다.

매출이 줄고 있다.

↓ 정의×계산

매출 = 입금액 − 지출액

↓ 즉

입금액이 줄고 있다. / 혹은 지출액이 늘고 있다.

↓ 그리고

실제로 지출액이 늘고 있다고 판명

↓ 정의×계산

지출액 = 반품단가×반품 수

↓ 즉

반품단가나 반품 수, 혹은 둘 다 증가하고 있다.

↓ 그리고

실제로 반품 수가 최근 반년 동안 30퍼센트나 증가했다고 판명

↓ 즉

반품 수의 증가가 매출 하락의 주요 요인으로 판명

이 일련의 흐름은 '숫자로 생각하기'의 매우 간단한 예다.

여기서 논리적으로 생각한다는 것은 '그리고'나 '즉'으로 표현된 부분을 가리킨다. '숫자로 생각하기'란 정의와 계산과 논리적 사고라는 세 가지 행위로 이루어지며, 이 중 어느 하나라도 없어서는 안 된다는 사실을 기억하자.

팩트풀니스 시대에 필요한
단 하나의 사고법

틀릴 가능성을 줄이는 '팩트 기반 사고'

기업 연수를 진행할 때면 현장에서 참가자들에게 발언 기회를 줄 때가 종종 있다. 그때마다 느끼는 한 가지는, 많은 이들이 '실수하고 싶지 않다'는 생각에 사로잡혀 있다는 사실이다. 똑 부러지는 정답으로 박수를 받고 싶은 욕심은 애초에 없지만, 적어도 '그건 아닌 것 같은데'라는 소리는 듣고 싶지 않은 것이다. '최소한 망신은 당하고 싶지 않다'는 분위기가 갈수록 더 두드러지는 것 같다. 이는 성과를 향한 우리의 태도와도 관련된 이야기다.

어떤 성과를 내고자 할 때, 접근 방식은 두 가지로 나뉜다.

하나는 성공의 가능성을 높이는 것이다.

또 하나는 실패할 가능성을 최대한 줄이는 것이다.

'잘못될 가능성을 최대한 낮춘다'라는 선택을 할 때 무엇보다 중요한 것은 사실을 바탕으로 생각해야 한다는 점이다. 아래의 사례를 보자.

- 작년 매출 데이터를 바탕으로 올해 판매 계획을 세운다.
- 과거 5년간의 수치에서 인건비가 얼마나 증가했으며, 경영 전체에서 차지하는 비중이 얼마나 커졌는지 분석한다.
- 자료 정리가 더딘 신입사원은 어느 부분에서 가장 많은 시간을 소요하는지 파악한다.

각 사례는 모두 눈앞의 숫자를 기반으로 생각하는 방식이다. 이런 '팩트(fact) 기반 사고'의 경우, 잘못된 결론을 도출할 가능성은 그만큼 줄어든다. '숫자로 생각하기'라 하면 흔히들 이러한 팩트 기반 사고를 떠올릴 테지만 사실 이는 절반에 지나지 않는다.

그렇다면 나머지 절반은 무엇일까? 바로 '가정(assumption) 기반 사고'다.

정리해서 말하자면 '숫자로 생각하기'는 다음의 두 종류로 구분된다.

- 팩트를 기반으로 생각하기
- 가정을 기반으로 생각하기

정답이 없는 문제에 답하는 '가정 기반 사고'

가정 기반 사고는 앞서 설명한 팩트 기반 사고와 달리 '사실'이 눈앞에 없을 때 유용한 사고방식이다.

어떤 일을 진행할 때 잘못될 가능성을 최소화하기 위해서 팩트에 기반하여 일을 진행하려 한다. 그런데 정작 찾아보니, 겉으로 드러난 팩트를 찾을 수가 없다. 이렇게 되면 '숫자로 생각하기'는 유감스럽지만 불가능해진다. 그렇다면 어떻게 해야 할까? 어쩔 도리가 없으므로 여기서 멈추어야 할까?

방법은 하나다. 사실로 뒷받침하는 대신 가정에 따라 일을 진행해 나갈 수밖에 없다. 앞에서 팩트 기반 사고의 예로 들었던 사례를 생각해보자.

- 작년 매출 데이터를 바탕으로 올해 판매계획을 세운다.

이 경우는 '작년 매출 데이터'라는 팩트가 있기 때문에 성립한다. 그럼 만약 올해부터 새로 시작하는 신규 사업이라면 어떻게 해야 할까? "팩트가 없어서 계획을 세우기는 어렵습니다"라고 말하는 사람은 아마 없을 것이다. 만일 그런 사람이 있다면 신규 사업은 맡기기 힘들지 않을까? 현실에서는 대부분의 사람들이 다음과 같이 생각할 것이다.

'가상의 시나리오를 생각한 후 이에 따라 신규 사업 판매계획을 세운다'.

사실이 눈앞에 없더라도 가정하여 숫자를 추출해내고, 정답이 없는 문제에 답을 내놓는 것. 이것이 '가정 기반 사고'에서 나오는 능력이다.

물론 이는 간단하지 않다. 가정 기반 사고를 어떻게 성공적으로 수행할 수 있을지는 이 책의 후반부에서 자세히 설명하도록 하겠다.

일단 지금까지의 설명을 정리하면 이렇다. '숫자로 생각하기'에는 두 가지 종류가 있다. 팩트 기반 사고와 가정 기반 사고. 두 가지 사고 과정의 흐름은 아래와 같다.

틀리고 싶지 않다.

팩트 기반 사고가 이상적이다.

그런데 드러난 팩트가 없다.

대신에 가정 기반 사고를 선택한다.

모든 사람은 가정을 할 수 있다.

그러므로 언제든, 어떤 사람이든 숫자로 생각하기가 가능하다.

팩트와 숫자가 없어도 우리는 가정을 통해 얼마든 숫자를 만들어낼 수 있다. 어떤 상황이든, 어떤 사람이든 가능하다. 내가 하고 픈 말은 다음의 문장으로 요약할 수 있다.

'숫자로 생각할 수 없는 사람은 없다. 일터에서 일어나는 모든 사건, 모든 대상을 우리는 숫자로 생각할 수 있다.'

사람, 물건, 돈을 움직이는
능력을 얻고 싶다면

팩트 기반 사고와 가정 기반 사고를 통해 숫자로 생각하는 방법을 익히는 것. 바로 이 책의 일차적인 목표다. 하지만 이것은 임시 목표에 불과하며, 진정한 목표는 따로 있다.

숫자로 생각할 수 있게 됨으로써 당신은 결과적으로 무엇을 이루고 싶은가?

Q. 숫자로 생각하기의 진정한 목표는 무엇일까?

앞에서 설명했던 '숫자로 생각하기'의 세 가지 장점을 다시 생각해보자.

- 문제를 해결하는 능력이 향상된다.
- 설득력 있는 프레젠테이션을 할 수 있다.
- 팩트를 바탕으로 신뢰감을 준다.

이 표면적인 장점 너머를 들여다보면 진정한 목표가 무엇인지 보일 것이다.

바로 '사람, 물건, 돈을 움직일 수 있다'는 것이다.

- 문제 해결 → 매출이 늘어난다, 시간을 단축할 수 있다, 고객 수가 증가한다 등
- 설득력 → 상대방을 이해시켜 원하는 방향으로 행동하게끔 만들고, 자금을 원하는 대로 활용할 수 있게 된다.
- 신뢰감 → 나의 지시나 제안대로 사람들이 움직여준다.

숫자로 생각하는 것은 이처럼 사람과 물건, 돈을 움직이는 결과로 직결된다. **나는 숫자로 생각하기의 진정한 목표를 다음과 같이 정의하고 싶다.**

숫자로 생각할 때 사람과 물건과 돈을 원하는 만큼 움직일 수 있다.

'당신이 움직이고 싶은 것을 움직이는 것.'

이것은 비즈니스의 의미와도 상통하는 이야기다. 비즈니스란 간단히 말해 사람, 물건, 돈을 움직이는 일이기 때문이다. 또한 이는 '일 잘하는 사람은 숫자로 생각한다'는 말의 숨은 뜻이기도 하다. 일 잘하는 사람들은 필요한 순간에 필요한 만큼, 사람과 물건과 돈을 움직이는 능력을 가진 이들이다.

정확히 이해해야
정확히 움직일 수 있다

숫자처럼 일정한 양으로 표현할 수 있는 것을 '정량적'이라고 하며, 그렇지 않은 것을 '정성적'이라고 말한다. 예를 들어 당신의 키가 175센티미터라는 사실은 정량적인 정보다. 한편 당신이 잘생겼다거나 예쁘다라는 사실은 정성적인 정보다.

팩트 기반 사고의 경우 정량적인 정보를 바탕으로 또 다른 정량적인 정보를 만들어낸다. 편의상 '정량 → 정량'이라고 표기하자.

가정 기반 사고는 어떨까? 이때는 손에 잡히는 수치 정보가 없다. 즉, 정성적인 정보밖에 없는 상태다. 이 상태에서 어떤 성과가 되는 숫자를 만들어내야 한다. 이 과정은 '정성→정량'이라 할 수 있다.

이렇게 팩트 기반, 혹은 가정 기반 사고를 통해 도출한 정량적인 정보는 본인과 상대방을 이해시키는 데 사용된다. 그리고 이해에 따라서 사람과 사물, 돈이 일정한 방향으로 움직이게 된다.

사람과 자원이 이동한 후에는 눈에 보이는 결과가 남는다. 이 것은 분명히 측정이 가능한 수치 정보, 즉 정량적인 정보다. 여기 서 다시 팩트 기반 사고를 통해, 결과와 원인을 숫자로 특정할 수 있다. 그리고 이 정보는 사람들(나 자신과 상대방)이 해석하고 이해 하여 다시 사람과 물건과 돈을 움직이는 자원으로 쓰인다. 이번에 도 그 결과는 명확히 정량적인, 새로운 숫자로 도출된다.

마치 사이클처럼 동일한 과정이 연쇄적으로 반복되는 구조다. 이 구조는 우리가 일터에서 흔히 접하는 업무의 기본이자, 직장인이 숫자를 사용하는 본질적인 이유이기도 하다.

이 근본적이고도 핵심적인 사이클을 효율적으로 가동하는 데 '숫자로 생각하기'가 얼마나 중요한 역할을 하는지를 이 책을 통해 올바로 전달할 수 있다면 좋겠다.

다음 장부터는 '숫자로 생각하기'의 구체적인 방법을 설명하려 한다. 팩트 기반 사고(정량 → 정량)와 관련한 업무의 기술에 대해서는 2장과 3장에서, 가정 기반 사고(정성 → 정량)의 업무 기술에 대해서는 4장에서 자세히 설명할 것이다.

숫자로 생각하기를 현장의 업무에 '어떻게' 적용할 수 있을까? 가장 궁금하고도 필요한 이야기로 들어가 보자.

제 2 장

널려 있는 데이터에서 원인을 '숫자'로 끌어내는 방법

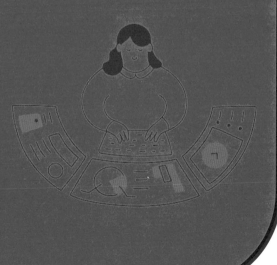

어려운 문제는

작게 나누어서 생각하라.

– 르네 데카르트(René Descartes)

당신은 결과에서 원인을
끌어낼 수 있는가?

1장에서 팩트 기반 사고란 사실, 즉 숫자에 근거를 둔 것이라고
설명했다. 여기서 '사실'은 '결과'라는 말로 바꿔 표현할 수 있다.
예를 들어 당신이 일하는 회사의 매출은 '사실'이자, 동시에 여러
직원들이 노력한 '결과'라 할 수 있다.

　'사실' = '결과'

　이렇게 정의하면 팩트 기반 사고라는 것은 곧 결과를 바탕으로
생각한다는 얘기가 된다. 비즈니스에서 말하는 결과란 대체로 눈
앞에 있는 숫자를 가리킨다. 작년 매출, 지난달 퇴직자 수, 최근
실시한 고객만족도 조사 등이 그렇다.
　이런 결과는 대부분의 사람들이 큰 어려움 없이 숫자로 끌어낼
수 있다. 하지만 숫자를 열거한다고 해서 그것이 곧 팩트 기반 사

고는 아니다. 사실 그 정도는 중학생도 할 수 있다. 일터에서 직장인에게 필요한 사고란 그런 종류가 아니다.

우리에게 필요한 것은 '결과'에서 '원인'을 숫자로 끌어내는 능력이다.

이것이 진정한 팩트 기반 사고이며, 우리가 해야 할 일이다.

하지만 주변을 보면 이런 팩트 기반 사고를 어려워하는 경우가 많다. 어쩌면 당신도 그들 중 한 사람일는지 모른다. 이유가 뭘까?

바로 결과(숫자)에서 원인(숫자)을 끌어내는 방법을 모르기 때문이다.

다음의 예를 살펴보자.

- 매출이 작년 대비 2억 원 감소
- 퇴직자 14명
- 1년 전에 비해 고객만족도 5포인트 감소

위의 사항들을 다룰 때 표면상의 수치만으로는 내가 원하는 '원인'에 관해 정보를 얻을 수 없다. 2억 원이라는 매출액, 열네 명이라는 인원, 고객만족도 5포인트라는 결과가 있을 때 숫자의 뒷면을 읽어야만 그 의미와 원인을 이해할 수 있다. 구체적인 방법은 차차 함께 생각해보기로 하자.

혹시 당신도
'데이터 곤란 증후군'?

'데이터 곤란 증후군'.

많은 직장인들을 만나면서 내가 발견하고 이름 붙인 증후군이다. 실제로 많은 사람들이 이 증후군을 겪고 있으며 그 때문에 결과에서 원인을 끌어내지 못하는 경험을 반복한다. 이 증후군의 증상은 다음과 같다.

'데이터는 눈앞에 있는데 이것으로 뭘 어떻게 하면 좋을지 몰라서 곤란을 호소한다.'

팩트에 기반하여 생각하고, 결과에서 원인을 끌어내는 과정에 큰 장애물이 되는 것이 바로 '데이터 곤란 증후군'이다. 어쩌면 자기도 모르는 사이, 당신도 이 병을 앓고 있을지 모른다.

데이터의 바다에 빠진 사람들

아래는 내가 기업 연수에서 만난 직장인들과 나눈 대화 내용이다.
공감하는 이들이 많으리라 생각해 소개해본다.

김 대리 "숫자는 정말 어려워요."

필자 "구체적으로 어떤 경우에 그렇게 느끼시나요?"

김 대리 "음……. 사실 회사 내부에는 업무에 도움이 될 만한 데이
터들이 상당히 많거든요. 데이터베이스를 열람하거나, 지
난 회의 자료를 끄집어내면 데이터는 얼마든지 있어요."

필자 "그렇죠."

감 대리 "그런데 그것들을 도대체 어떻게 활용하면 좋을지 감이
안 잡히더라고요."

김 대리와 비슷한 경험을 해본 적이 다들 있을 것이다. 이번에
는 또 다른 기업 연수에서 만난 최 모 사원의 이야기를 들어보자.

최 사원 "저는 그래도 숫자를 꽤 좋아하는 편이에요. 엑셀로 데이

터를 순식간에 가공하는 일이 재미있어요."

필자	"오, 그래요? 대단하시네요."
최 사원	"그런데요, 선생님. 뭔가 한계가 있다는 느낌이 들어요."
필자	"어떤 점에서요?"
최 사원	"엑셀 같은 프로그램으로 데이터를 이리저리 다루기는 하는데, 이미 알고 있는 계산식이나 기술로 숫자를 산출해 내면 그뿐이에요."
필자	"그래요?"
최 사원	"그런 다음에는 사실 뭘 해야 할지 잘 모르겠어요. 무슨 말인지 아실는지……."
필자	"네, 아주 잘 알죠(웃음)."

물론 엑셀과 같은 소프트웨어 사용법을 알면 데이터를 입력하여 간단한 계산을 편하게 할 수 있다. 하지만 데이터를 중요한 성과물로 가공한다는 것은 완전히 다른 이야기다. 왜 데이터가 데이터로만 끝날 뿐, 더 중요한 성과로 이어지지 못하는 것일까? 이 또한 직장인들이 자주 토로하는 고충이다.

김 대리와 최 사원, 두 사람의 공통점은 분명하다. 데이터가 눈앞에 쌓여 있는데도 어떻게 처리하면 좋을지 모른다는 것이다.

나는 이런 현상을 '데이터의 바다에 빠진다'라고 표현한다. 구체적인 예를 들어 살펴보자. 다음에 나오는 두 종류의 데이터를 한번 보기 바란다. 나라별, 지역별로 고령자에 관한 데이터가 빼곡히 나열되어 있다.

⊙ 세계 고령화율 추세

1. 서구

(%)

	1950	1955	1960	1965	1970	1975	1980	1985	1990	1995	2000	2005	2010	2015	2020	2025	2030	2035	2040	2045	2050	2055	2060
스웨덴	10,2	10,9	11,8	12,7	13,7	15,1	16,3	17,3	17,8	17,5	17,3	17,3	18,2	19,6	20,3	21,1	22,1	23,3	24	24,1	24,4	25,2	26,3
독일	9,7	10,6	11,5	12,5	13,6	14,9	15,6	14,6	14,9	15,5	16,5	18,9	20,5	21,1	22,2	24,1	26,8	29,3	30	30,2	30,7	31,4	31,7
프랑스	11,4	11,5	11,6	12,1	12,8	13,4	13,9	12,7	14	15,1	16	16,5	16,8	18,9	20,7	22,3	23,9	25,2	26,2	26,5	26,7	26,9	26,9
영국	10,8	11,3	11,8	12,2	13	14,1	15	15,2	15,8	15,9	15,9	16	16,6	18,1	19	20,2	22	23,5	24,3	24,8	25,4	26,2	26,7
미국	8,2	8,8	9,1	9,5	10,1	10,7	11,6	12,1	12,6	12,7	12,3	12,3	13	14,6	16,6	18,7	20,4	21,2	21,6	21,8	22,1	22,7	23,6

2. 아시아

(%)

	1950	1955	1960	1965	1970	1975	1980	1985	1990	1995	2000	2005	2010	2015	2020	2025	2030	2035	2040	2045	2050	2055	2060
일본	4,9	5,3	5,7	6,3	7,1	7,9	9,1	10,3	12,1	14,6	17,4	20,2	23	26,6	28,9	30	31,2	32,8	35,3	36,8	37,7	38	38,1
한국	2,9	3,3	3,4	3,5	3,5	3,8	4,1	4,5	5,2	6	7,2	8,9	10,7	13	15,7	19,9	23,9	27,7	31,1	33,4	35,3	35,9	37,1
중국	4,4	4,1	3,7	3,4	3,8	4,1	4,7	5,3	5,7	6,2	6,9	7,7	8,4	9,7	12,2	14,2	17,1	20,9	23,8	25	26,3	29,4	30,5
인도	3,1	3,2	3,1	3,2	3,3	3,5	3,6	3,7	3,8	4,1	4,4	4,8	5,1	5,6	6,6	7,5	8,5	9,5	10,6	11,9	13,4	15,1	16,7
인도네시아	4	3,8	3,6	3,3	3,3	3,5	3,6	3,6	3,8	4,2	4,7	4,8	4,8	5,1	5,8	6,9	8,3	9,7	11,1	12,5	13,8	14,8	15,7
필리핀	3,6	3,3	3,1	3	3	3,1	3,2	3,2	3,1	3,1	3,3	3,5	4,1	4,6	5,2	5,9	6,7	7,6	8,3	9,1	9,8	10,8	12,1
싱가포르	2,4	2,2	2	2,6	3,3	4,1	4,7	5,3	5,6	6,4	7,3	8,2	9	11,7	15	19,2	23,2	26,6	29,7	32	33,6	34,5	35,8
태국	3,2	3,3	3,3	3,4	3,5	3,6	3,7	4	4,5	5,5	6,5	7,8	8,9	10,6	12,9	16	19,4	22,8	25,8	27,9	29	29,5	30,6

자료: UN, World Population Prospects: The 2017 Revision

⊙ 일본 지역별 고령자 수

	총인구(천 명)	65세 이상 인구(천 명)		총인구(천 명)	65세 이상 인구(천 명)
홋카이도	5,320	1,632	오오사카부	8,823	2,399
아오모리현	1,278	407	효고현	5,503	1,558
이와테현	1,255	400	나라현	1,348	408
미야자키현	2,323	631	와카야마현	945	304
아키타현	996	354	돗토리현	565	175
야마가타현	1,102	355	시마네현	685	230
후쿠시마현	1,882	569	오카야마현	1,907	567
이바라키현	2,892	819	히로시마현	2,829	809
도치기현	1,957	536	도쿠시마현	1,383	462
군마현	1,960	567	가가와현	743	241
사이타마현	7,310	1,900	에히메현	967	301
치바현	6,246	1,692	고치현	1,364	437
도쿄도	13,724	3,160	후쿠오카현	714	244
가나가와현	9,159	2,274	사가현	5,107	1,384
니이가타현	2,267	709	나가사키현	824	240
토야마현	1,056	334	구마모토현	1,354	424
이시카와현	1,147	331	오이타현	1,765	531
후쿠이현	779	232	미야자키현	1,152	367
야마나시현	823	245	가고시마현	1,089	338
나가노현	2,076	647	오키나와현	1,626	501
기후현	2,008	589		1,443	303
시즈오카현	3,675	1,069			
아이치현	7,525	1,852			
미에현	1,800	522			
사가현	1,413	357			
교토부	2,599	743			

자료: 일본 〈고령 사회백서〉

그냥 바라보는 것만으로도 눈이 아파 온다. 이 모든 숫자를 읽고 기억하는 것은 사실상 불가능하다.

그럼 이쯤에서 여러분에게 한 가지 간단한 부탁을 하고자 한다.

"위 데이터를 복합적으로 활용해서 뭔가 해주세요."

아마 대부분은 어리둥절한 채 앞 페이지의 데이터를 잠시 들여다보다가 다시 돌아왔을 것이다. 눈앞에 가득 펼쳐진 데이터로 당장 뭘 해야 좋을지 판단이 안 서기 때문이다. 평소에 계산 소프트웨어를 많이 다뤄본 사람이라면, 이 데이터들을 몇 가지 수식에 대입해볼 수도 있을 것이다. 하지만 몇 차례 조작을 끝내고 나면 그다음에는 무엇을 해야 좋을지 몰라 우왕좌왕할 가능성이 크다.

이는 전문가들이라고 다르지 않다. 언젠가 데이터분석 상담사와 대화를 나눌 기회가 있었는데, 이런 이야기를 들려주었다.

"고객들 대부분이 '우리 회사에 축적된 데이터를 사용해서 뭔가 알아낼 수 없을까요?'라고 물어요. 무엇을 하고 싶은지, 목적이 무엇인지가 없는 거죠. 그런 상태에서 '뭔가 할 수 없을까요?'라는 건 말도 안 되는 의뢰지요."

조금 전에 소개한 최 사원의 증상과도 비슷하다.

그렇다면 만일 내가 여러분에게 이렇게 의뢰를 한다면 어떨까?

"위의 자료 가운데 지역별 데이터만 사용해서, 각 지역마다 특별한 경향이 있는지 조사해주세요."

그러면 아마 당신은 지역별 데이터 이외의 것들, 그러니까 서구와 아시아에 관한 내용은 제외할 것이다. 그리고 각 지역별로 '총 인구'와 '65세 이상 인구'의 숫자 사이에서 뭔가 경향을 찾을 것이다. 일정한 경향을 찾아낸다면 하나의 일을 마무리한 셈이다.

이렇게 필요한 데이터를 선택하고, 이것으로 무엇을 할지 확실히 결정함으로써 구체적으로 일을 진행할 수 있었다.

데이터의 바다에서 헤엄쳐 나오려면

처음 의뢰처럼 데이터 전체를 복합적으로 사용해서 뭔가를 해달라고 한다면, 이는 광대한 바닷속에서 적당히 헤엄치라는 것이나 마찬가지 이야기다. 만약 당신이 그런 데이터의 바다에 빠진 상태라면 다음의 단계를 밟아 숫자를 해독해야 한다.

1단계 : 지금부터 무엇을 할지 정의한다.
2단계 : 그 일을 위해 필요한 데이터를 골라내고 나머지는 버린다.
3단계 : 필요한 데이터만 분석해서 성과물을 만든다.

고령자에 관한 데이터를 예시로 든다면 아래와 같은 프로세스가 될 것이다.

1단계 : 해야 할 일을 '지역별로 특정 경향이 없는지 분석하는 것'이라고 정의한다.

2단계. 지역별 데이터를 제외하고 나머지는 버린다.

3단계. 지역별 인구 수치에 특정한 경향이 있는지 알아낸다.

나와 대화를 나누었던 김 대리와 최 사원에게도 필요한 것이 바로 이런 기술이다.

지금은 다양한 데이터를 손쉽게 확보할 수 있는 시대다. 다시 말해, 특별한 경우가 아니라면 업무에 필요한 데이터를 손에 넣지 못해 곤란한 일은 없을 것이다. 우리가 곤란한 이유는 방대한 데이터를 어떻게 활용할 것인지 알 수 없기 때문이다. 그래서 어느 데이터를 사용하고, 어느 데이터를 버릴지 생각하고 판단하는 능력이 어느 때보다 필요하다. 이를 안다면 더 이상 데이터의 바다에 빠져 허우적거릴 일은 없을 것이다.

> 우리가 데이터를 손에 넣지 못해 곤란할 일은 거의 없다. 방대한 데이터를 어떻게 활용할 것인지 몰라서 곤란할 뿐이다.

'숫자로 생각하기'의 90퍼센트는 숫자를 다루지 않는다

앞서 소개한 '데이터를 다루는 3단계'를 조금 더 자세히 살펴보자.

1단계 : 지금부터 무엇을 할지 정의한다.
2단계 : 그 일을 위해 필요한 데이터를 골라내고 나머지는 버린다.
3단계 : 필요한 데이터만 분석해서 성과물을 만든다.

여기에서 주목해야 할 중요한 부분이 있다.

바로 이 책의 주인공인 '숫자'를 다루는 일은 마지막 3단계에서만 이루어진다는 사실이다. 사실상 1단계와 2단계에서는 아예 숫자를 다루지 않는다. 바꾸어 말하면, 숫자를 직접 다루기 전에 해야 할 과정을 제대로 거쳤는가 그렇지 않은가에 따라 업무의 성패가 결정된다는 뜻이다.

'**숫자로 생각하기의 90퍼센트 과정은 숫자를 다루기 전에 이루어진다**'.

과장처럼 느껴질지도 모르지만 사실이다. 1단계와 2단계는 본격적으로 숫자를 만지기 이전의 사전 작업에 해당한다. 군더더기 없는 핵심적인 결과를 얻기 위해서는 이 두 단계에 각별히 주의를 기울여야 한다. 만약 '일단 뭉뚱그려서 시작해보자. 하다가 보면 어떻게든 되겠지.' 하는 생각으로 진행한다면, 혹은 부주의한 실수를 저지르고 깨닫지 못한다면 마지막 3단계에서는 오류투성이 정보를 얻게 될 것이다.

그러므로 지금부터 해야 할 일이 무엇인지, 여기에 필요한 데이터는 무엇인지 정의하고 선별하는 앞 단계 과정에 소홀하지 말자.

퍼센트 너머
'숫자의 뒷면'을 읽는 법

1단계를 제대로 시행했다면 2단계 역시 무리 없이 완수할 수 있다. 마지막 3단계에 이르러 숫자를 다루게 되지만, 이 역시 어려운 이론이나 전문 지식은 필요치 않다. 더하기, 빼기, 곱하기, 나누기 등 기본적인 사칙연산만 할 수 있다면 그것으로 충분하다.

대표적인 몇 가지 유형을 알아보자.

고객만족도 90퍼센트, 안심해도 될까?

직장인들이 업무 중 마주치는 숫자에는 퍼센트(%) 기호가 상당히 자주 붙어 있다. 백분율을 나타내는 기본적인 단위라 다들 익숙하게 여길 것이다. 하지만 이 숫자의 뒷면을 제대로 읽기 위해서는 요령이 필요하다.

퍼센트 단위의 숫자는 분모와 분자로 나눌 수 있다. 분모는 기본이 되는 하나의 숫자이며, 그 숫자와 비교되는 또 하나의 숫자가 분자다. 퍼센트는 이 두 가지 숫자의 비율을 나타낸 것이다. 그러므로 퍼센트 단위의 숫자를 읽을 때는 그 뒷면에 있는 두 개의 숫자가 무엇인가를 생각해야 한다.

예를 들어 '고객만족도가 90퍼센트에 이른다'라는 데이터를 보자. 이 데이터가 무엇을 의미하는지 올바로 파악하기 위해서는 누구를 대상으로 조사한 것인지, 그리고 그 인원은 몇 명인지를 알아야 한다. 그럴 때 '고객만족도를 90퍼센트에서 95퍼센트로 끌어올리자'라는 목표를 세우고 그 방법을 구체적으로 검토하는 것이 가능해진다. 단순히 '5퍼센트를 높이자'라는 말만으로는 무엇을 어떻게 하면 좋을지 알 수 없다.

그럼 생각해보자. '고객만족도가 90퍼센트에 이른다'라고 할 때, 일반적으로는 '상당히 높은 수치네'라고 느낄 것이다. 이 정도 수치면 정말 대단한 것일까?

여기서 먼저 생각해야 할 것은, 90퍼센트라는 수치의 뒷면에 있는 두 숫자다.

무작위로 1,000명의 구매 경험자를 선정하여 설문한 결과, 900명이 만족했다고 답한 것인가?

아니면 5년 이상 해당 서비스를 이용 중인 초우량 고객 열 명을 인터뷰한 결과, 그중 아홉 명이 만족했다고 답한 것인가?

만일 전자라면 '고객 대부분이 만족한다'라고 긍정적인 평가를 할 수 있을 것이다. 그렇지만 후자라면 한 명의 초우량 고객이 불만을 표했다는 사실에 집중해야 한다. 5년 넘게 이용한 서비스에서 최근 어떤 부정적인 변화를 경험했는지 파악하고, 다른 고객들 역시 비슷한 문제를 감지했는지 범위를 넓혀 확인해야 할 일이다. 이 경우는 '고객만족도 90퍼센트'라 할지라도 부정적으로 해석할 수 있다.

매출만으로 실적을 평가할 수 없는 이유

비슷한 성격의 연습문제를 풀어보자.

Q. 다음의 두 점포 중 어느 쪽의 영업 팀이 더 높은 실적을 올렸다고 평가할 수 있는가?

↓

A점포 : 작년과 같은 가격대 상품을 판매했고 올해 매출은 전년도 대비 20퍼센트 증가했다.

B점포 : 작년에 비해 상품의 가격을 10퍼센트 인상했고, 올해 매출은 전년도 대비 30퍼센트 증가했다.

퍼센트 단위의 뒷면에 있는 두 가지 숫자를 해독해보자.

우선 A점포는 전년도 대비 매출이 20퍼센트 증가했다. 이 내용은 '매출 100을 120으로 늘렸다'라고 바꾸어 말할 수 있다. 즉, 영업에서 20만큼의 성과를 낸 셈이다.

A점포 : 100 → 120

B점포의 영업 성과 또한 마찬가지 방식으로 계산할 수 있다.

B점포 : 100 → 130

하지만 B점포의 경우 상품 가격을 10퍼센트 인상한 결과가 반영되어 있다. 30이라는 성과 중에서 가격 상승분의 영향은 얼마나 될까? 그만큼은 빼고 생각해야 한다. 방법은 어렵지 않다. 130이라는 결과를 가격 상승률 110퍼센트, 즉 1.1로 나누면 된다.

$$130 \div 1.1 = 118.18\cdots\cdots$$

이렇게 도출한 약 118이라는 숫자가 곧 가격 상승의 영향을 제거한 실적이다. 증가한 수치 30 중에 18 정도가 영업을 통해 늘어난 부분이고, 나머지 12는 가격 상승으로 축적된 숫자라 볼 수 있다.

　A점포와 B점포의 실적을 정리하면 다음과 같다. 120, 130이라는 숫자를 각각 곱하기를 사용해 분해해본다.

　A점포 : $120 = 100 \times 1.20$ 작년보다 영업 실적이 20퍼센트 상승했다.

　B점포 : $130 ≒ 100 \times 1.18 \times 1.10$ 작년보다 영업이 18퍼센트 상승했다.

　결과적으로 영업 성적이 더 뛰어난 쪽은 B점포가 아니라 A점포라는 평가를 내릴 수 있다. 숫자의 뒷면을 읽는다는 것은 이런 의미다. 표면상의 증가율만으로 판단하는 것이 아니라, 그 뒷면에 있는 숫자를 주의 깊게 읽음으로써 전혀 다른 해석을 끄집어낼 수 있다.

　물론 해석 방법은 다양하다. 그렇기에 책상 위에서만 연습하는 것에는 정답이 없다. **핵심은 어디까지나 퍼센트 너머의 숫자를 이해하는 것이다. 이때의 요령은 그 뒷면에 있는 분모와 분자, 두 개 숫자를 확실히 규명하는 작업. 그것이 전부다.**

데이터 분석의 기본은
나눗셈이면 된다

데이터를 분석하는 또 하나의 요령은 '나누기'다. 수치를 나누는 방법은 다음 두 가지다.

- 곱셈으로 분해한다.
- 덧셈으로 분류한다.

두 가지 방법의 공통점은 원래의 '큰 수'를 '작은 수'로 세분화한 다는 것이다. 다음 2장에서는 팩트 기반 사고를 통해 결과에서 원 인을 밝히는 방법을 설명할 텐데, 이 과정에서 큰 수를 작은 수로 세분화하는 관점은 굉장히 중요하다.

만약 정밀 기계가 오작동을 일으켰다면 원인을 어떻게 알아낼 수 있을까? 보통은 어딘가의 작은 부품이 말썽을 일으켰을 가능 성이 크다. 여기서 말썽은 결과고 작은 부품이 원인이다. **결과에**

서 원인을 찾기 위해서는 사소한 부분까지 확인해야 하며, 그 작업을 위해 전체를 세분화해서 확인할 수 있는 상태로 만들어두어야 한다.

숫자를 읽는 행위도 마찬가지다. 앞에서 등장했던 B점포의 예를 다시 보자.

B점포 : $130 ≒ 100 × 1.18 × 1.10$

이것은 130이라는 숫자를 100과 1.18과 1.10이라는 세 개 숫자의 곱셈으로 분해한 결과다. 적당히 숫자를 대입해서 얻은 결과가 아니라, 130을 분해한다는 관점에서 차근차근 계산한 것이다.

각 숫자의 의미는 다음과 같다.

올해 매출 = 작년 매출 × 영업 성과 × 제품의 가격 상승분

이 밖에도 곱셈으로 분해함으로써 숫자의 뒷면을 읽을 수 있는 사례는 얼마든지 있다.

ROE(자기자본이익률)
= 당기순이익 ÷ 자기자본
= (당기순이익 ÷ 매출) × (매출 ÷ 총자산) × (총자산 ÷ 자기자본)
= 매출 순이익률 × 총 자산회전율 × 재무 레버리지

'ROE' 수치의 뒷면을 읽고자 할 때는 먼저 위와 같은 곱셈으로 분해한 후 전체적인 수치가 늘어난, 혹은 줄어든 이유가 무엇인지 분석하는 방법을 쓸 수 있다. 이렇게 되면 매출 순이익률, 총 자산 회전율, 재무 레버리지 중 어느 것이 주된 원인인지 파악할 수 있다.

덧셈으로 분류하는 방법도 마찬가지다. 전체를 세분화하여 확인할 수 있는 상태로 만들어서 현재 결과를 초래한 원인을 찾아내는 것이다.

다음의 예를 보자.

> **매출 = 평균단가 × 고객 수**
> **= 평균단가 × 방문자 수 × 계약률**

'매출'의 세부 내용은 곱셈을 이용해 위와 같이 분해할 수 있다. 그런데 곱셈으로 분해하는 방법이 아니라 덧셈으로 분류하는 방법을 사용해도 상관없다. 덧셈을 이용하면 아래와 같은 식이 된다.

> **매출 = 새 고객 매출 + 기존 고객 매출**

여기서 분해와 분류, 즉 곱셈과 덧셈을 섞어서 함께 사용하는 방법도 가능하다. 이렇게 하면 매출이라는 숫자의 의미를 한층 더 깊이 읽어낼 수 있다. 편의상 '새 고객'은 'S', 기존 고객은 'K'로 표기하기로 하자.

> **매출 = 새 고객 매출 + 기존 고객 매출**
> **= S평균단가 × S방문자 수 × S계약률 +**
> **K평균단가 × K방문자 수 × K계약률**

매출이 늘었는지, 혹은 줄었는지 원인을 명확히 파악하는 데 분해와 분류의 나누기가 왜 유용한지 이해할 수 있을 것이다.

당신이 업무에서 자주 사용하는 숫자들은 어떤 곱셈으로 분해할 수 있을까? 혹은 어떤 덧셈으로 분류할 수 있을까? 혹시 이런 곱셈과 덧셈에 익숙지 않거나 소홀하지는 않았는가?

당신이 결과에서 원인을 밝혀내지 못하는 것은 이런 간단한 이유 때문인지도 모른다.

경향과 예외 찾기,
전문가들은 이렇게 분석한다

데이터 사이언티스트의 분석법에서 배운다

정보의 바다에서 가치 있는 데이터를 추출해 분석하는 과학자들을 '데이터 사이언티스트'라고 한다. 이들 전문가들이 애용하는 데이터 분석 방법을 마지막으로 소개하려 한다. 이 방법은 다음의 두 가지 과정으로 이루어진다.

- 경향과 예외를 찾는다.
- 이를 위해 먼저 데이터를 시각화한다.

우리가 데이터 분석 전문가가 될 것은 아니므로 그들과 같은 수준의 기술을 구사할 필요는 없다. 하지만 아마추어들도 전문가의 데이터 분석법을 응용하여 본인들의 업무에 상당한 도움을 얻을 수 있다. 솔깃하지 않은가?

우리가 팩트 기반 사고를 할 때는 반드시 결과를 나타내는 숫자나 데이터가 등장한다. 이때 숫자를 읽어내는 행위는 그 숫자에서 무언가 정보를 찾아내는 일이다.

그렇다면 전문가들은 여기에서 어떤 정보를 찾으려 할까?

그것은 곧 경향과 예외다.

다음의 예를 살펴보자.

- 매출이 증가(감소)하고 있다.
- 근무 연수가 오래될수록 야근 시간이 길다.
- 남자 사원보다 여자 사원의 퇴직율이 높다.

이와 같은 정보들이 '경향'이다. 경향은 현재 상황이 어떤 방향으로 흐르고 있는지를 보여주며, 중요한 사실을 시사해준다.

그럼 '예외'란 무엇일까? 예외는 일정한 범주를 벗어난 수치이며, 숫자의 크기나 특징이 확연히 다른 것을 뜻한다. 예외를 파악해야 하는 이유는, 이것이 당신이 이끄는 결론에 큰 영향을 미치기 때문이다.

구체적인 예를 들어서 설명해보자. 다음 페이지의 표는 앞에서도 한번 나왔던 고령자에 관한 데이터다.

⊙ 세계 고령화율 추세

1. 서구 (%)

	1950	1955	1960	1965	1970	1975	1980	1985	1990	1995	2000	2005	2010	2015	2020	2025	2030	2035	2040	2045	2050	2055	2060
스웨덴	10,2	10,9	11,8	12,7	13,7	15,1	16,3	17,3	17,8	17,5	17,3	17,3	18,2	19,6	20,3	21,1	22,1	23,3	24	24,1	24,4	25,2	26,3
독일	9,7	10,6	11,5	12,5	13,6	14,9	15,6	14,6	14,9	15,5	16,5	18,9	20,5	21,1	22,2	24,1	26,8	29,3	30	30,2	30,7	31,4	31,7
프랑스	11,4	11,5	11,6	12,1	12,8	13,4	13,9	12,7	14	15,1	16	16,5	16,8	18,9	20,7	22,3	23,9	25,2	26,2	26,5	26,7	26,9	26,9
영국	10,8	11,3	11,8	12,2	13	14,1	15	15,2	15,8	15,9	15,9	16	16,6	18,1	19	20,2	22	23,5	24,3	24,8	25,4	26,2	26,7
미국	8,2	8,8	9,1	9,5	10,1	10,7	11,6	12,1	12,6	12,7	12,3	12,3	13	14,6	16,6	18,7	20,4	21,2	21,6	21,8	22,1	22,7	23,6

2. 아시아 (%)

	1950	1955	1960	1965	1970	1975	1980	1985	1990	1995	2000	2005	2010	2015	2020	2025	2030	2035	2040	2045	2050	2055	2060
일본	4,9	5,3	5,7	6,3	7,1	7,9	9,1	10,3	12,1	14,6	17,4	20,2	23	26,6	28,9	30	31,2	32,8	35,3	36,8	37,7	38	38,1
한국	2,9	3,3	3,4	3,5	3,5	3,8	4,1	4,5	5,2	6	7,2	8,9	10,7	13	15,7	19,9	23,9	27,7	31,1	33,4	35,3	35,9	37,1
중국	4,4	4,1	3,7	3,4	3,8	4,1	4,7	5,3	5,7	6,2	6,9	7,7	8,4	9,7	12,2	14,2	17,1	20,9	23,8	25	26,3	29,4	30,5
인도	3,1	3,2	3,1	3,2	3,3	3,5	3,6	3,7	3,8	4,1	4,4	4,8	5,1	5,6	6,6	7,5	8,5	9,5	10,6	11,9	13,4	15,1	16,7
인도네시아	4	3,8	3,6	3,3	3,3	3,5	3,6	3,6	3,8	4,2	4,7	4,8	4,8	5,1	5,8	6,9	8,3	9,7	11,1	12,5	13,8	14,8	15,7
필리핀	3,6	3,3	3,1	3	3	3,1	3,2	3,2	3,1	3,1	3,3	3,5	4,1	4,6	5,2	5,9	6,7	7,6	8,3	9,1	9,8	10,8	12,1
싱가포르	2,4	2,2	2	2,6	3,3	4,1	4,7	5,3	5,6	6,4	7,3	8,2	9	11,7	15	19,2	23,2	26,6	29,7	32	33,6	34,5	35,8
태국	3,2	3,3	3,3	3,4	3,5	3,6	3,7	4	4,5	5,5	6,5	7,8	8,9	10,6	12,9	16	19,4	22,8	25,8	27,9	29	29,5	30,6

자료: UN, World Population Prospects: The 2017 Revision

이 데이터를 가지고 지금부터 무엇을 할 것인가? 할 일을 먼저 정의해보자. 할 일은 '서구 여러 나라와 일본의 경향에 차이가 있는지 확인하기'다.

그런데 각 나라별로 꽉 들어차 있는 숫자들을 일일이 읽어내는 것부터가 고역이다. 이럴 때는 좀 더 간단히 경향을 파악하는 방법이 있다. 바로 그래프를 이용하는 것이다.

데이터 분석은 우선 눈으로 하는 것

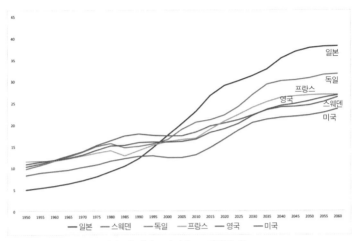

서구 여러 나라와 일본의 고령화율 추이(가로:년도/세로:고령화율(%))

이렇게 그래프를 만들면 세세한 숫자를 하나하나 확인하지 않아도 일목요연하게 흐름이 눈에 들어온다. 그래프에 따르면 나라마다 고령화 속도가 상승하는 경향이 있고, 일본은 그 경향이 특히 현저하다는 사실을 한눈에 알 수 있다.

이어서 할 일은 '일본의 각 지역별로 고령자 추이에 차이가 있는지 찾기'라고 정의한다.

이때는 당연히 '일본의 지역별 고령자 수'라는 데이터만 사용한다. 각 지역별로 65세 이상의 인구 비율을 모두 산출한 뒤 이 데이터를 세로축으로, 지역별 총 인구를 가로축으로 하여 데이터를 정리하면 오른쪽 페이지와 같은 그래프가 된다.

⊙ 일본 지역별 고령자 수

	총인구(천 명)	65세 이상 인구(천 명)		총인구(천 명)	65세 이상 인구(천 명)
홋카이도	5,320	1,632	오오사카부	8,823	2,399
아오모리현	1,278	407	효고현	5,503	1,558
이와테현	1,255	400	나라현	1,348	408
미야자키현	2,323	631	와카야마현	945	304
아키타현	996	354	돗토리현	565	175
야마가타현	1,102	355	시마네현	685	230
후쿠시마현	1,882	569	오카야마현	1,907	567
이바라키현	2,892	819	히로시마현	2,829	809
도치기현	1,957	536	도쿠시마현	1,383	462
군마현	1,960	567	가가와현	743	241
사이타마현	7,310	1,900	에히메현	967	301
치바현	6,246	1,692	고치현	1,364	437
도쿄도	13,724	3,160	후쿠오카현	714	244
가나가와현	9,159	2,274	사가현	5,107	1,384
니이가타현	2,267	709	나가사키현	824	240
토야마현	1,056	334	구마모토현	1,354	424
이시카와현	1,147	331	오이타현	1,765	531
후쿠이현	779	232	미야자키현	1,152	367
야마나시현	823	245	가고시마현	1,089	338
나가노현	2,076	647	오키나와현	1,626	501
기후현	2,008	589		1,443	303
시즈오카현	3,675	1,069			
아이치현	7,525	1,852			
미에현	1,800	522			
사가현	1,413	357			
교토부	2,599	743			

자료: 일본 〈고령 사회백서〉

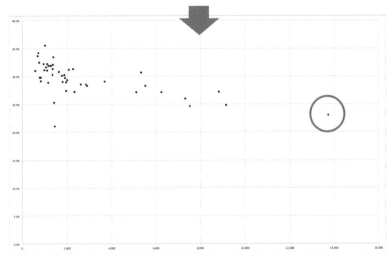

(가로축:인구 수/세로축: 고령자 비율(%))

그래프상에는 하나의 예외 지역이 뚜렷이 드러난다. 인구는 다른 지역보다 훨씬 많은 동시에 고령자율은 한참 낮다. 예상하다시피 도쿄다. 즉 '지역 차이'라는 단면으로 일본의 고령자에 대해 논할 때, 매우 특수한 도쿄의 데이터는 예외적으로 다루어야 한다는 결론을 내릴 수 있다. 일반적인 범주에서 벗어난 도쿄와 다른 지역을 비교하는 것은 별 의미가 없기 때문이다. 예외를 파악하는 목적은 바로 여기에 있다.

이처럼 데이터 분석의 기본은 '경향'과 '예외'를 찾는 것이다. 그리고 경향과 예외를 찾는 요령은 데이터를 시각화하는 것이다. 데이터 분석 상담사들은 강조하기를 '데이터 분석은 우선 눈으로 하는 것'이라고 말한다. 누구든지 현장에 적용할 수 있는 기본적인 요령이자, 난해하게 흩어진 데이터를 정리해 필요한 정보를 얻어내는 방법이다.

데이터를 다루는 3단계 중, 실제로 숫자를 다루는 마지막 3단계에 대해 소개를 해보았다. 앞에서 설명한 3단계의 세 가지 핵심을 정리해보자.

- 퍼센트 단위의 숫자를 만나면, 뒷면의 의미를 정확히 읽는다.
- 곱셈으로 분해하거나, 덧셈으로 분류한다.
- 경향과 예외를 시각화로 파악한다.

나 역시 데이터를 눈앞에 두면 반드시 거치는 과정이다. 이것만으로도 팩트 기반 사고가 충분히 가능하다.

데이터를 다루는 1단계 '지금부터 무엇을 할지 정의하기'와, 2단계 '필요한 데이터를 찾고 나머지는 버리기'에 이어서 3단계 '숫자 데이터 다루기'를 차근차근 실천한다면, 더 이상 산더미 같은 데이터를 앞두고 진땀 흘릴 일은 없을 것이다.

숫자에 강한데도
성과가 나지 않는다면?

귀차니즘에 맞서 싸울 준비가 되어 있는가?

지금까지 데이터와 결과에서 원인을 끌어내는 방법을 알아보았다. 그런데 우리의 할 일은 그것으로 끝이 아니다. 원인을 알아냈다면 적절한 조치를 취해서 현 상황을 개선해야만 본래의 목적을 달성했다 할 수 있다.

즉, 원인이 되는 숫자를 찾아 PDCA 사이클을 돌려야 한다.

'PDCA 사이클'이란 Plan(계획), Do(실행), Check(평가), Action(개선)을 반복함으로써 생산관리나 품질관리 등의 관리 업무를 지속적으로 개선해나가는 방법을 말한다. 비즈니스 세미나에서 수많은 강사들이 입에 올리는 개념이며, 서점의 경제경영서 서가에서도 이 단어를 어렵지 않게 찾아볼 수 있다.

그런데 현실 속의 업무 현장에서는 이 사이클이 원활히 돌지 않는 경우가 흔하다. 이 당연한 것을 실천하고자 할 때 어떤 장벽이 우리 앞을 가로막기 때문이다. 그 장벽의 실체, 즉 사이클을 돌리지 못하는 이유는 다음과 같다.

'귀찮다.'

비즈니스 수학 전문가가 내놓은 답 치고는 뭔가 맥이 빠지는 것 같은가? 더 수준 높고 납득이 가는 대답을 기대했을 독자에게는 면목이 없지만, 사실이 그렇다.

예를 들어 이메일의 '받은편지 목록'을 보면, 매달 한두 번씩 똑같은 영업 메일을 보내오는 회사가 있다. 재미있는 것은 매번 내용은 똑같고 담당자 이름만 바뀐다는 사실이다. 영업 분야의 아마추어인 내가 보기에도 영 효과가 없을 것 같은 일방적인 방식이다. 도대체 왜 그러는 것일까? 일일이 검증해서 내용을 수정하여 발송하는 것이 귀찮기 때문이다.

'야후(Yahoo)' 같은 인터넷 포털사이트를 생각해보자. 사이트를 방문하면 수많은 텍스트 링크가 눈에 들어온다. 유저들은 화면에 나열된 짧은 문장들만 보고서 해당 기사를 읽을지 지나칠지를 순식간에 판단한다.

여러 매체들은 어떤 방법으로 접근할 때 클릭 수가 느는지를 검증해야 한다. 만약 '이런 형태로 텍스트 링크 문장을 만들면 클릭 수를 00% 이상 획득할 수 있다'는 방정식이 있다면 간편하겠지만, 매순간 움직이고 변하는 시류와 유저들을 한 번에 사로잡을 수 있는 방정식은 존재하지 않는다. 그렇기 때문에 '귀차니즘'에 맞서 싸우며 온갖 시도와 착오를 거듭하며 클릭 수를 높여나가는 수밖에 없다.

지금도 웹사이트 마케팅 분야에 종사하는 이들은 열심히 PDCA 사이클을 돌리면서 정답이 없는 질문에 답을 내고자 노력하고 있다.

숫자로 평가할 수 있는 환경인지를 점검하라

PDCA 사이클을 '돌리지 않는다'와 '돌릴 수 없다'는 어떻게 다를까? 말장난 같지만, 이 두 가지는 완전히 다르다.

좋다는 것을 알고는 있지만 하지 않는 경우는 '돌리지 않는' 것이다.

할 의지는 있는데 구체적인 방법을 모르는 경우는 '돌릴 수 없는' 것이다.

내가 도움을 줄 수 있는 경우는 물론 후자다. 나는 어디까지나 수학적 사고법을 지도하는 전문가이지, 귀찮아하고 의욕이 없는 사람에게 동기부여를 하는 데 전문가는 아니기 때문이다. 오해가 없도록 덧붙이자면, PDCA 사이클을 돌리지 않는 이들을 부정할 마음은 없다. 그 또한 개인의 선택이자 일하는 방식이기 때문이다.

하지만 만일 당신이 PDCA 사이클을 돌리지 못하는 이유가 '귀찮음' 때문이 아니라면, 그저 방법을 알 수 없어서라면, 지금부터 하는 이야기에 귀를 기울여주길 바란다.

다음의 표는 어느 회사의 5월과 6월 실적을 비교한 것이다. 한 달 사이 이 회사에 어떤 변화가 일어났는지 살펴보자.

		5월	6월
신규	평균단가	1,500,000	1,450,000
	신규방문자 수	78	95
	신규계약률	0.5	0.3
	신규매출	58,500,000	41,325,000
기존	평균단가	2,000,000	2,050,000
	기존방문자 수	21	20
	기존계약률	0.7	0.8
	기존매출	29,400,000	32,800,000
	총 매출	87,900,000	74,125,000

6월 총 매출이 5월보다 감소했다. 무슨 일이 있었던 걸까? 매출이라는 표면상의 숫자만으로는 알 수 없지만 아래와 같이 곱셈으로 분해하고 덧셈으로 분류하는 작업을 거치면 구체적인 원인이 드러난다.

6월에 신규 방문자가 늘었음에도 계약 성사율이 떨어졌다. 새로운 손님들이 모처럼 매장을 처음 방문했는데 계약 성사까지 잘 이끌지 못한 것이다. 앞으로의 과제는 바로 여기에 숨어 있으며, 이곳이 개선해야 할 지점이라는 가설을 세울 수 있다. 그런 다음 구체적인 방안을 마련해서 실천하고 7월의 매출을 통해 검증하면 된다.

이것이 숫자를 사용해서 PDCA 사이클을 돌리는 과정이다.

자, 이제부터가 본론이다. 이 사례를 되짚어보면서 사이클을 돌리지 못하는 사람에게 필요한 것을 확인해보자.

먼저 여기에서 중요한 한 가지 전제조건을 알아야 한다. 매출을 위와 같은 수식(문장)으로 표현할 수 있다는 것은, 당연히 각각의 항목들을 숫자로도 파악할 수 있어야 한다는 의미다. 방문자 수를 셀 수 있는 환경이 아니라면 애초부터 PDCA 사이클을 돌릴 수 없다. 당연한 이야기라 생각할지 모르지만, 의외로 이런 조건을 간과하는 경우가 적지 않다.

만약 무언가를 실행한 결과(사실)가 숫자로 남아있지 않다면 긍정적인 상태인지, 혹은 부정적인 상태인지, 개선해야 할 점이 있는지 여부를 판단할 수 없다.

팩트 기반 사고를 하기 위해서는 숫자가 제대로 정리되어 있는지부터 확인해야 한다.

다시 말해, 숫자로 평가할 수 있도록 환경을 갖추고 준비를 해야 한다는 것이다.

숫자가 없다면
일단 가설을 세우라

팩트 기반 사고가 가능한 환경을 갖추었다면, 이제 평가해야 할 사실들이 눈앞에 팩트로 펼쳐질 것이다. 이제부터 필요한 것은 그 숫자를 읽어내는 작업이다. 이 단계에서 필요한 세 가지 기본적인 방법을 앞에서 소개했다. 다시 한 번 확인해보자.

- 퍼센트 단위의 숫자를 만나면, 뒷면의 의미를 정확히 읽는다.
- 곱셈으로 분해하거나, 덧셈으로 분류한다.
- 경향과 예외를 시각화로 파악한다.

한 회사의 실적을 분석했던 앞의 예에서는 곱셈으로 분해하기, 덧셈으로 분류하기 방법을 활용했다. 그리고 결과적으로 신규 고객 대응 부분에 해결해야 할 과제가 숨어 있다는 가설을 세웠다.

이 흐름을 단순하게 정리하면 다음과 같다.

팩트를 숫자로 나타낸다.

↓

숫자를 읽는다(주로 세 가지 방법을 사용한다).

↓

가설을 세운다.

의외로 첫 단계에 함정이 있으며, 그 다음 단계는 생각보다 쉽게 진행된다는 이야기까지 해보았다. 여기서 조금 더 깊이 있게 생각해볼 것은 '가설을 세운다'라는 부분이다.

PDCA 사이클의 중요성을 알고 의욕도 넘치는데 제대로 시행하는 못하는 경우, 가장 근본적인 원인이 한 가지 있다.

바로 '가설을 세우지 못한다'는 것이다. 앞서 이야기한 귀차니즘과 마찬가지로 이 역시 눈에 보이지 않는 커다란 장벽이 된다. 이 벽이 보이지 않는 이유는, 머릿속에서 수시로 형체를 바꾸며 좀처럼 손에 잡히지 않기 때문이다.

이게 무슨 말일까?

이해하기 쉽도록 남녀관계를 예로 들어보자.

어떤 남자가 한 여자에게 호감을 느끼고 있다. 데이트 신청을

하고 좋은 관계로 발전하고 싶다면 어떻게 해야 할까? PDCA 사이클을 돌려보자.

호감 있는 여성과 더 가까워지고 싶다.

↓

'이상형'을 주제로 대화를 시도해보기로 한다(계획).

↓

실제로 해본다(실행).

↓

반응이 썩 좋지 않다(평가).

↓

가까워지기 전까지는 이상형에 관한 대화는 피하기로 한다(개선).

↓

이번에는 '일'을 주제로 대화해본다(계획).

↓

실제로 해본다(실행).

위의 과정에서 '가설을 세운다'는 것은 어디쯤 해당할까? 바로 '개선'과 두 번째 '계획' 사이이다.

상대방의 반응이 좋지 않은 걸 보니 이 사람은 '이상형'이라는 주제로 대화하는 것을 별로 내켜하지 않는다는 것이 가설이다. 어쩌면 상대는 '일'이라는 주제에는 긍정적으로 반응하지 않을까 하는 가설을 여기에 덧붙였다.

그런데 이 상황에서 남자가 잠시 혼란에 빠진다.

'어쩌면 대화의 주제가 문제가 아니라, 뭔가 다른 이유가 있어서 나와 대화하는 것을 지루해하는 게 아닐까?'

남자는 다른 이유를 찾기 시작한다.

'다른 이유가 뭘까? 장소가 좋지 않았나? 혹시 여기 오는 동안에 내가 뭔가 실례되는 말을 했나? 어쩌면 내 입 냄새가 거슬렸을지도 몰라. 아니면……'

이래서는 끝이 없다. 이렇게 꼬리에 꼬리를 무는 의심에 시달리다 보면 어느 순간 대화하는 것 자체가 두려워질지도 모른다.

지금 남자에게 필요한 일은 당장 답을 가려내는 것이 아니다. 정답인지 아닌지 알 수 없지만 일단 '이게 이유다'라고 가설을 세운 다음 실행하는 것이다. 그렇게 하지 않는 한, 상대 여성과 거리를 좁히는 것은 불가능하다. 우물쭈물하다가는 다른 남자가 틈 사이로 비집고 들어와서 사랑을 쟁취할 수도 있다. 이것이 세상에 수없이 존재하는 패자들의 법칙이다.

가설을 세운다는 것은 '이거다'라고 뭔가 하나를 결정하는 행위다. 즉, 아주 작은 용기가 필요한 일이다.

매출이 하락한 원인을 밝힐 때도 원칙은 같다. 숫자를 늘어놓고 가설을 세우려면 일단 '이거야!' 하는 직감을 발휘하여 선택을 해야 한다.

> 그러므로 결론을 내리자. 가설을 세운다는 것은 '한 가지로 정하는 용기'가 필요한 일이다.

'어쩌면 외부 환경 변화 때문인지도 몰라.'

'참, 상품 배치가 바뀌었잖아? 그것 때문일 수도 있어.'

'경쟁회사가 새로운 서비스를 출시했는데 그 영향은 아닐까?'

이런 식으로 끝없이 생각만 한다면 결국 아무것도 할 수 없다. 아무것도 하지 못한다는 것은 곧 개선의 여지가 없다는 뜻이다. 앞으로 나아가지 못하고 쇠퇴하고 말 것이다.

그러므로, 결론을 내리자.

가설을 세울 수 없는 사람에게 부족한 것은 '한 가지로 정하는 용기'다. 당신이 짐작하는 몇 가지 원인 중에서 용기를 내어 하나에 집중하고, 나머지는 모두 버려야 한다.

남녀관계에서건 비즈니스에서건 용기를 낸 사람이 성과를 낸다. 문제를 해결하기 위한 열쇠는 마음속에 있음을 기억하라.

복합적 사고방식을 버리라,
하나로 모으라

원인이 될 수 있는 수많은 요소들 가운데, 상황을 개선하기 위해서 실제 행동으로 옮길 것을 선택하기. 그렇게 하나로 축약하고 나머지는 버리는 태도는 매우 중요하다.

앞의 회사를 예로 들면 5월과 비교해 6월 매출이 하락한 원인을 찾을 때 '신규 고객에 대한 대응이 부족했기 때문'이라고 라고 원인을 설정하는 것이다.

결과 : 매출 감소 5,850만 원 → 4,132만 5,000원
원인 : 신규 계약률 감소 0.5 → 0.3

원인과 결과를 각각 한 종류의 숫자만으로 표현하고, 그 두 개를 임시 인과관계(원인과 결과의 관계)로 연결한다. 이렇게 함으로써 다음에 취할 행동이 하나로 집약되고 실제 행동에 옮길 수 있다.

여기서 반론을 제기하는 사람도 있을 것이다.

"정말 그렇게 단순할까요? 보통은 여러 가지 요인이 복합적으로 얽혀서 하나의 결과로 나타나는 거 아닌가요? 하나로 축약하고 나머지는 버리라니, 그렇게 간단히 해결될 문제가 아닌 것 같은데요."

이해한다. 일리 있는 지적이며, 사실이 그렇기도 하다. 하지만 그래도 나는 '하나로 모으고 나머지는 버리라'라고 강조한다.

그렇게 말하는 데는 논리적인 이유가 있다.

만일 당신이 어떤 업무를 시작하면서 PDCA 사이클을 돌리려 한다고 해보자. 현재 맞닥뜨린 상황은 아마도 여러 가지 원인이 복합적으로 작용한 결과일 것이다. 그렇다면 그 복합적인 원인을 놓고 무엇과 무엇이 섞여 어떤 구조로 얽혀 있는지 분명히 알 필요가 있을까?

만약 그것을 분석하는 데 세 달이 걸린다면? 차라리 3일 만에 가설을 세우고 행동을 취해 새로운 결과를 얻는 편이 정답에 다가가는 속도가 훨씬 빠를 것이다.

비즈니스에서 속도는 곧 생명이다. 한정 없이 시간을 들여 무언가를 느긋하게 분석하고 검증할 시간은 없다. 연구기관이나 범죄 수사 등 특수한 경우를 제외하면, 부수적인 것은 아무래도 좋으니 서둘러 가설을 세우고 다음 액션을 하루라도 빨리 취하는 것이 방법이다.

그렇게 하기 위해 '복합적' 사고방식은 버리는 요령이 필요하

다. 하나로 모으고 다른 것은 버리라는 이야기다. 원인을 하나로 모으면 다음에 취할 액션도 하나로 집중된다. 인간은 한 번에 여러 가지를 잘할 수 있는 존재가 아니다. 한 번에 하나만 해내는 것이 훨씬 효율적이다.

〈복합적 사고방식의 나쁜 예〉

원인이 많고 복잡하게 얽혀 있다.

↓

취해야 할 액션도 복잡해진다.

↓

올바른 해결책이라 해도 제대로 실행할 수 없다.

↓

아무것도 변하지 않는다.

〈단순한 사고방식의 좋은 예〉

원인을 하나로 모은다.

↓

취할 액션도 하나로 가려진다.

↓

올바른 해결책인지는 알 수 없지만, 확실히 시행할 수 있다.

↓

분명한 변화가 일어난다.

'경영의 신'이라 불리는 기업가 이나모리 가즈오(稻盛和夫)는 이렇게 말했다.

바보 같은 사람은 단순한 것을 복잡하게 생각한다.

평범한 사람은 복잡한 것을 복잡하게 생각한다.

현명한 사람은 복잡한 것을 단순하게 생각한다.

복잡한 것을 복잡한 채로 두느냐, 아니면 단순하게 만드느냐는 굉장히 중요한 문제다. 어느 쪽을 택하느냐에 따라 '확실성'이 달라지기 때문이다.

'확실히 할 수 있는가?'

이 질문을 늘 스스로 던져보는 습관을 들이길 바란다.

> 복잡한 것을 복잡한 채로 두느냐, 아니면 단순하게 만드느냐는 굉장히 중요하다. 어느 쪽을 택하느냐에 따라 '확실성'이 달라지기 때문이다.

연수 현장에서 누군가가 "그게 그렇게 단순한 문제일까요?"라고 물었을 때 나는 이렇게 답했다.

"복잡한 문제인지도 모릅니다. 하지만 그 복잡한 것을 단순하게 생각하는 것이 우리의 일이 아닐까요?"

숫자로 일하기 위한
13가지 질문

2장을 마무리하면서, 우리가 팩트 기반으로 사고하고 이를 바탕으로 PDCA 사이클을 돌리고자 할 때 도움이 될 만한 체크 리스트를 준비했다.

아래의 열세 가지 질문에 하나하나 답을 찾는 것 자체가 팩트 기반 사고를 진행하고 숫자를 사용해 PDCA 사이클을 돌리는 과정이다.

[팩트 기반 사고로 일하기 위한 열세 가지 질문]

1. 당신이 개선하고자 하는 것은 무엇인가?

2. 그것을 숫자로 파악할 수 있는가?

3. 'YES'라면 개선된 상태를 숫자로 표현할 수 있는가?

('NO'라면 사실을 숫자로 파악할 수 있는 환경을 먼저 갖춘다.)

4. 그 숫자를 A라 할 때, 어느 정도가 되면 '개선되었다'고 정의할 수 있을까?

5. 숫자 A는 어떻게 읽는 것이 타당할까?

   (퍼센트 단위 / 곱셈으로 분해 / 덧셈으로 분류 / 경향과 예외를 활용)

6. A를 늘리기(혹은 줄이기) 위해, 어떤 숫자 B를 늘리는(혹은 줄이는) 것이 현실적으로 가능할까?

   (가설을 세운다. 그리고 숫자 B도 하나로 모은다.)

7. B가 얼마나 증가(혹은 감소)하는 것을 목표로 하는가?

8. 그 목표를 달성했을 때 A의 변화는 당신이 정의하는 '개선'에 부합하는가?

9. B를 늘리기(혹은 줄이기) 위해 구체적으로 무엇을 할 것인가?

   (현실적으로 가능한 대안 제시)

10. 그것은 누가, 언제, 어떻게 실행해야 하는가?

11. 실행한 결과를 숫자 C로 확인할 수 있는 환경에 있는가?

12. C를 평가하고, 다음 PDCA 사이클을 돌리는 책임자는 누구인가?

13. 이 모든 과정을 추진할 의지와 의욕이 있는가?

지금까지 이 책을 읽은 당신이라면 아마도 위의 열세 가지 질문을 결코 귀찮다고 생각하지 않을 것이다. 현재 일터에서 직면한 과제를 주제로 설정하고, 실제로 도전해보기를 바란다.

뭔가 막막한 사람들을 위해 가상의 답변도 준비해보았다. 배운 것을 활용하는 데 도움이 되었으면 한다.

1. 당신이 개선하고자 하는 것은 무엇인가?

→ 영업부의 생산성을 높이고 싶다.

2. 그것은 숫자로 파악할 수 있는가?

→ YES. 장기적 관점에서 각 영업사원의 실적과 근무시간을 숫자로 파악해나간다.

3. 'YES'라면 개선된 상태를 숫자로 표현할 수 있는가?

→ 생산성 = 영업사원의 실적 ÷ 근무시간이라고 정의한다.

4. 그 숫자를 A라 할 때, 어느 정도가 되면 '개선되었다'고 정의할 수 있을까?

→ 생산성이 10퍼센트 증가하면 개선되었다고 본다.

5. 숫자 A는 어떻게 읽는 것이 타당할까?

→ 영업부의 전체적인 경향을 파악하고, 생산성이 특히 높은 직원과 떨어지는 직원을 파악한다.

6. A를 늘리기(혹은 줄이기) 위해, 어떤 숫자 B를 늘리는(혹은 줄이는) 것이 현실적으로 가능할까?

→ 근무시간을 줄인다.

7. B가 얼마나 증가(혹은 감소)하는 것을 목표로 하는가?

→ 근무시간을 15퍼센트 단축하는 것을 목표로 한다.

8. 그 목표를 달성했을 때 A의 변화는 당신이 정의하는 '개선'에 부합하는가?

→ YES. 생산성을 10퍼센트 향상시킬 수 있을 것으로 보인다.

9. B를 늘리기(혹은 줄이기) 위해 구체적으로 무엇을 할 것인가?

→ 고객과의 상담 시간을 25퍼센트 단축한다(1시간이었던 것을 45분에 끝낸다).

10. 그것은 누가, 언제, 어떻게 실행해야 하는가?

→ 전 영업사원. 다음 달부터 근무 내용 명세와 소요 시간을 기록해서 부서 안에서 공유한다.

11. 실행한 결과를 숫자 C로 확인할 수 있는 환경에 있는가?

→ YES. 개선 후의 생산성 = 개선 후 영업사원의 실적 ÷ 개선 후의 근무시간

12. C를 평가하고, 다음 PDCA 사이클을 돌리는 책임자는 누구인가?

→ 영업부장이 정기적으로 점검하고 매달 부서회의에서 내용을 공유한다.

13. 이 모든 과정을 추진할 의지와 의욕이 있는가?

→ YES. 영업부의 핵심 과제로 삼고 회사 차원에서 개선을 추진한다.

많은 직장인들이 결과는 숫자로 말하지만 원인은 숫자로 말하

지 못한다. 원인을 말하지 못하면 개선도 할 수 없다. 개선을 하지 못하니 성과가 나지 않는다.

이 상황을 극복할 방법을 찾고, 진짜 원인을 찾아 개선을 시작할 수 있기를 바란다.

이것으로 팩트 기반 사고에 관한 이야기를 절반 정도 마쳤다. 3장에서는 팩트 기반 업무에 정교함을 더하기 위한, 수학적 사고 방법과 수치화 방식들을 소개하고자 한다. 이 도구들을 통해 일터에서 철저히 숫자로 생각하고 행동하는 사람이 될 수 있을 것이다.

제 3 장

일할 때 필요한 수학은
8가지만 알면 끝!

수학은

프랑스 요리와 마찬가지다.

– 쿠메다 하지메(米田肇, HAJIME 오너 쉐프)

문과도 이과도,
수학적으로 일해야 유리하다

수학을 잘할 필요는 없다, 다만 수학적으로 일하라

남자와 여자라는 분류처럼, 흔히들 문과와 이과라는 기준으로 사람을 분류하곤 한다. 이런 구분은 많은 사람들을 '나는 수학에 약하다'고 믿게 만든다. 동시에 '문과=수학을 배우지 않아도 되는, 혹은 못해도 어쩔 수 없는 사람'이라는 몹쓸 고정관념을 자연스럽게 심어준다.

하지만 내가 '자칭 문과'인 사람들에게 계속해서 강조하는 이야기가 있다.

'수학을 공부해야 할 필요는 없다.
하지만 수학적인 편이 유리하다.'

명문대학 수학과를 졸업해도 일터에서 잘 적응하지 못하는 사람이 있는가 하면, 고졸이어도 수학을 제대로 이해하면서 회사를 경영하고

> 직장인에게 어려운 수학 문제를 풀 능력은 필요하지 않다. 그저 업무를 수행하는 방식이 수학적이면 된다.

사회에 공헌하는 사람도 있다. 다시 말하지만 우리에게 필요한 수학은 학교에서 배우는 수학과 같지 않다. **직장인에게 어려운 수학 문제를 풀 능력은 필요하지 않다. 그저 업무를 수행하는 방식이 수학적이면 된다.**

이번 장에서는, 수학에 자격지심을 갖고 있는 이들도 충분히 활용할 수 있는 수학적 사고방식과 업무 기술을 소개하고자 한다. 지금부터는 부디 문과냐 이과냐 하는 구분을 잊어주기 바란다.

'얼마나'라는 질문에 숫자로 답할 수 있는가?

우선 '수학적'이라는 말의 정의부터 내려보자.

'수학적'이란 수학에서 사용하는 방법을 활용하는 것이다. 따라서 수학적으로 생각한다는 것은 수학에서 사용하는 방법을 써서 생각하는 것이고, 수학적으로 설명한다는 것은 수학에서 사용하는 방법을 써서 설명한다는 뜻이다.

예를 들어, 조직의 생산성을 높이기 위해 어떻게 하면 좋을지 고민한다고 해보자.

'종업원 한 사람당 영업 수익', '광고비당 매출', '한 시간당 생산량'.

이것들은 모두 '얻은 수익을 쏟아부은 자원으로 나눈 값'이다. 또한 나눗셈을 활용해서 문제를 해결하고자 하는 접근 방식이다. 이것이 바로 수학적인 업무 처리 방식의 예다.

> 비즈니스에서 상당히 중요하고도 많은 비중을 차지하는 '얼마나'라는 질문에 숫자로 답하기 위해, 우리는 수학적으로 일해야 한다.

그렇다면 무엇을 위해 수학적으로 일해야 할까? 사람마다 다양한 답을 하겠지만 이 책에서는 이렇게 결론짓겠다.

바로 '얼마나'라는 질문에 숫자로 대답하기 위해서다.

'얼마나 효율화하면 되는가?'
'얼마나 리스크가 있는가?'
'얼마나 예산이 필요한가?'

비즈니스에 있어서 '얼마나?'라는 대화는 상당히 중요하고도 많은 비중을 차지한다. 만일 당신이 '얼마나'라는 질문에 팩트 기반 사고를 활용하여 구체적인 수치로 답할 수 있다면 일은 매우 순조롭게 진행될 것이다.

다음은 업무에서 가장 많이 사용되는 '얼마나'에 관한 질문과, 그 답을 얻기 위한 방법이다.

- '얼마나 가치 있는가?' → 현재 가치와 미래 가치의 산출

- '얼마나 얻을 수 있는가?' → AB테스트

- '얼마나 영향을 미치는가?' → 감도분석

- '얼마나 리스크가 있는가?' → 표준편차

- '얼마나 관련이 있는가?' → 상관계수

- '얼마나 필요한가?' → 단순회귀분석

- '얼마나 안전(혹은 위험)한가' → 손익분기점 분석

- '얼마나 더 상승할까?' → 상승평균

이 방법들이 왜 수학적인지, 그리고 왜 효과적인지를 이해해야만 실전에서 유용하게 써먹을 수 있다. 그러니 앞으로 이야기할 여덟 가지 '얼마나'에 관한 내용들을 대충 훑어보지 말고 하나하나 꼼꼼하게 이해하고 넘어가길 바란다.

데이터라는 재료를
요리하기

수학적인 사고는 맛있는 요리를 하는 과정과도 흡사하다. 당신이 좋아하는 음식을 하나 떠올려보라. 제육볶음, 생선구이, 비빔국수…… 어떤 음식이든 좋다. 이제 그 요리를 직접 만든다고 상상해보자. 실제로 만들어본 적이 있든 없든, 요리를 꽤 하는 사람이든 초보자든 상관없다. 그냥 만드는 과정을 나름대로 상상해보자.

필요한 재료를 구입하고, 칼로 자르고 다듬어 재료를 준비해둔다. 필요한 양념과 조미료를 준비한다. 이제 요리 순서를 떠올리면서 적당한 도구를 사용한다. 제육볶음이라면 바닥이 움푹한 웍을, 생선구이라면 석쇠를, 비빔국수라면 면을 팔팔 끓일 냄비를 사용하면 될 것이다. 자, 불을 켜고 조리를 시작하자.

수학적 사고방식도 요리와 마찬가지로 데이터라는 재료를 준비하는 데서부터 시작한다. **적절한 도구를 이용해 데이터를 요리**

하는 것이 바로 '얼마나?'라는 질문에 수치화된 답을 찾아가는 과
정이라 할 수 있다.

데이터 = 요리 재료

적절한 계산 방법 = 편리한 요리 도구(조리 방법)

'얼마나?'에 대한 수치화된 답 = 완성된 요리

이번 3장은 수학이라는 요리 레시피를 소개하는 장이다. 다양한
데이터와 숫자의 조리 방법을 익혀서 멋진 요리사가 되길 바란다.
이제 요리를 시작한다.

신입사원 채용 vs 경력자 채용, 어느 쪽이 이득일까?

현재 가치와 미래 가치의 산출

> 요리 재료 : 과거 혹은 미래의 숫자
>
> 만들고 싶은 요리 : 가치를 수치화하기
>
> 조리에 필요한 조건 : 할인율이라는 구체적인 숫자
>
> 조리 방법 : 현재 가격 혹은 미래 가격 산출하기

'남자의 슈트발' 같은 프리미엄 덜어내기

아는 여자 분이 농담 삼아 이런 이야기를 한 적이 있다.

"남자는 슈트발이지. 슈트 입은 남자는 프리미엄이 20퍼센트 증가해. 그래서 슈트를 입고 있을 때는 20퍼센트만큼 프리미엄을 제하고서 평가해야 정확하다고."

실제로 슈트를 멋지게 빼입은 남자는 평소보다 훨씬 말끔하고 분위기 있어 보인다. 그래서 슈트 덕을 본 만큼은 빼고서 평가를 해야 공평하다는 이야기는 꽤 일리가 있다.

　냉정한 평가를 위해 뭔가를 덜어내고 생각해야 하는 경우는 그 밖에도 많다.

　대표적으로 돈이 그렇다. 지금의 100만 원과 1년 후의 100만 원은 가치가 결코 똑같지 않다. 100만 원을 은행에 저축하기만 해도 1년간 가치는 불어난다. 만일 연 금리가 5퍼센트라면 현재의 100만 원은 1년 후 105만 원이 된다.

　이것은 '현재의 가치 × 1.05 = 장래의 가치'라는 단순한 계산식에 의한 결과다.

　그렇다면 반대로 1년 후의 100만 원을 현재의 가치로 환산하면 얼마가 될까?

　'장래의 가치 ÷ 1.05 = 현재의 가치'이므로 100 ÷ 1.05 ≒ 95.24만 원이라는 결과가 나온다.

　이 계산은 장래의 가치에서 5퍼센트를 덜어내어 현재의 가치로 환산해 평가하는 것이다. 슈트 착용분만큼 남자의 프리미엄을 제하는 것과도 마찬가지 이야기다.

　비즈니스에도 이 공식은 적용된다. 만일 당신의 회사가 전년도 대비 1.5배의 실적을 올렸다고 해보자. 그런데 해당 분야의 시장 또한 가파르게 상승 중이어서, 시장 규모가 전년도 대비 두 배로 성장한 상태다. 그렇다면 회사의 실적을 어떻게 평가하는 것이 적절할까?

먼저 아래와 같이 두 개의 식을 세울 수 있다.

> 1. 작년 매출 = 올해 매출 ÷ 1.5
> 2. 올해 매출
>   = 작년 매출 × 자사의 성장치 × 시장의 성장치
>   = 작년 매출 × 자사의 성성장치 × 2

이 두 식을 서로 연결하면 아래와 같다.

> 올해 매출 = (올해 매출 ÷ 1.5) × 자사의 성장치 × 2
> 자사의 성장치 = 1.5 ÷ 2 = 0.75

즉, 시장이 두 배 성장했다는 배경의 영향을 덜어내고 나면, 이 회사는 실질적으로 실적이 25퍼센트 감소했다고 평가할 수 있다. 회사가 성장했다기보다는, 시장의 영향을 등에 업고서 매출이 일시적으로 늘어난 것에 지나지 않다는 결론이다.

이 부분을 읽으면서 '어라? 이 책 어딘가에 비슷한 이야기가 있었는데……'라고 생각했다면 책을 제대로 읽고 있다는 증거다.

2장에서 연습문제로 소개했던 두 점포의 이야기도 바로 이런 경우였다. A점포와 B점포 중에서 겉보기에는 B점포의 매출이 더 증가한 것 같아 보이지만, 실상 B점포의 실적에는 제품 가격을 10퍼센트 인상한 결과가 반영되어 있었다. 때문에 가격 상승분의 영

향은 빼고서 평가를 내려야 한다는 것이 이 문제의 핵심이었다.

이렇게 데이터를 요리할 때는 현재의 실질적인 가치로 환산하는 관점이 중요하다.

신입사원 채용은 회사에 득일까, 실일까?

그럼 다음 문제로 넘어가 보자.

> **Q. 회사에서 신입사원을 한 명 채용하려 한다. 사원을 채용하는 것은 회사에 얼마나 이득이 될까?**

'얼마나'를 묻는 질문이므로 수치화하여 답을 해보자. 일단 다음과 같은 전제를 설정하기로 한다.

- **가정 1** : 이 직원은 3년 만에 퇴직한다(물론 더 오래 근무해주기를 바라지만).
- **가정 2** : 이 직원이 첫해에 창출하는 이익은 연간 2,000만 원이다.
- **가정 3** : 입사 후 1년마다 창출하는 가치는 20퍼센트씩 증가한다.

이 신입사원이 입사하여 향후 3년간 창출할 가치를 계산하면 다음과 같다.

입사 1년째에 창출하는 가치 : 2,000만 원
입사 2년째에 창출하는 가치 : 2000 × 1.2 = 2,400만 원
입사 3년째에 창출하는 가치 : 2000 × 1.2 × 1.2 = 2,880만 원
퇴사 때까지 창출하는 가치의 총 합 : 2,000 + 2,400 + 2,880 = 7,280만 원

신규 졸업사원을 한 명 채용하면 앞으로 3년간 7,280만 원의 이익을 가져온다고 가정할 수 있다. 그럼 이 직원을 채용함으로써 발생하는 비용은 얼마가 될까?

채용 과정에서 든 비용, 3년 동안의 월급, 그 밖의 제반 비용 등을 고려하여 총 비용을 파악한다. 이익과 비용 양쪽을 비교해보면, 신입사원 한 명을 채용하는 것이 합리적인가를 판단할 수 있다.

그 결과 수지가 맞지 않는다고 판단되면 보완책을 고민해야 한다. 3년보다 더 오래, 적정한 연차까지 근무할 수 있도록 회사의 시스템이나 교육에 투자하는 것도 방법이다. 혹은 신규 졸업자 대신 경력자를 중도 채용하는 편이 경제적이라는 판단을 내릴 수도 있다.

만약 기업의 인사 담당자가 이렇게 현재와 미래의 실질적인 가

치를 염두에 둔다면, 경영자에게 인사 전략을 설명할 때는 물론이고 내정자나 신입사원에게 오리엔테이션을 할 때도 더 효과적으로 접근할 수 있다. 직원들 입장에서는 '곧바로 그만둔다는 것'이 얼마나 많은 기회비용을 소요하는 일인지 쉽게 이해할 수 있을 것이다.

가치를 수치화하는 지금까지의 작업에서 필요했던 수학적 지식은 '비율'뿐이었다. 단순하지만 설득력 있는 이 방법을 통해 일터에서 얼마든 팩트 기반 사고를 실천할 수 있다.

2. '비교'할 때 써먹는 수학

고객은 어떤 카피를
더 많이 클릭할까?

AB테스트

요리 재료 : 소요되는 모든 자원의 양(숫자)

만들고 싶은 요리 : 최종적으로 어느 정도의 수치를 획득할
수 있을지 측정하기

조리에 필요한 조건 : 자원의 1~2퍼센트를 테스트에 사용

조리 방법 : AB테스트

고객의 지갑을 열 수 있는 마케팅 문구를 선택하는 법

'관점'이라는 말이 있다. 내가 생각하는 관점이란 곧 '사물에 대한 견
해'다. 아마 다른 사람들도 대개 비슷한 생각을 하지 않을까 싶다.

그렇다면 '수학적 관점'이란 무엇일까? 당연히 '사물에 대한 수
학적 견해'다. 이번 페이지에서는 그런 수학적 관점에 관해 이야
기를 하려 한다. 수학 공부를 하는 것이 아니라, 수학적인 관점을

몸에 익힌다는 마음으로 따라와 주길 바란다.

첫 번째 수학적 관점은 'AB테스트'라는 것이다.

혹시 'AB테스트'에 대해 들어본 적 있는가? 디지털 마케팅에 자주 사용되는 방법으로, 간단히 말하면 웹페이지 A안과 B안 중에서 고객이 어느 쪽에 더 반응하는지 비교하는 테스트 마케팅을 말한다.

예를 들어 당신이 인터넷 쇼핑몰에서 스킨케어 제품을 구매하려고 검색하는 중이라 해보자. 어떤 제품의 판매 페이지 제일 아래에 '구매는 여기를 클릭!'이라고 쓰인 버튼이 있다.

그 버튼은 무슨 색인가? 글자는 큰가, 작은가?

10분 후에 다시 액세스하면 그 버튼의 표기는 어쩌면 '꿀피부 손에 넣기!'라는 글씨로 바뀌어 있을지도 모른다. 그 경우, 제품 판매처의 온라인 마케팅 팀은 한 종류의 버튼으로 승부를 걸지 않고 여러 버튼을 준비하는 중일 것이다. 그리고 당신과 같은 고객의 반응을 수치화해서 좀 더 최적화된 환경을 갖추어나갈 계획일 것이다.

이런 테스트는 '지금은 정답을 알 수 없으니 고객에게 솔직히 물어보고 대답을 듣자'는 발상에서 비롯된다. 좀 더 구체적으로 알아보자.

이 스킨케어 제품 판매 페이지는 앞으로 약 한 달 동안 인터넷 쇼핑몰에 게재될 예정이다. 한 달 동안 노출될 횟수는 1만 5,000회로 정해져 있다. 이 기간 동안 얼마나 많은 사람들이 '구매 버튼'을 누를 것인가가 관건이다. 판매처는 주목도를 높이기 위해서 버튼 표기 방식을 두 가지 패턴으로 준비했다. 편의상 A패턴과 B패턴이라고 부르자.

A패턴 : '구매는 여기를 클릭!'

시험적으로 100회 노출한 결과, 클릭 수 8회 기록

B패턴 : '꿀피부 손에 넣기!'

시험적으로 100회 노출한 결과, 클릭 수 15회 기록

A와 B 중에서 어느 쪽이 마케팅에 더 적합한지는 고객들의 클릭 수가 말해준다.

결론은 B패턴이다.

	표시 횟수	클릭 수	클릭률
A	100	8	8.00%
B	100	15	15.00%

	표시 횟수	클릭 수	클릭률
A	0	0	-
B	14,800	2,220	15.00%
최종 결과	15,000	2,243	14.95%

그러므로 앞으로는 B패턴만 사용함으로써 클릭 수를 최적화할 수 있다.

한 달 동안 주어진 노출 횟수 1만 5,000회 중 200회를 시범 노출에 사용했으므로, 남은 것은 1만 4,800회다. 여기에 B패턴의 클릭률 15퍼센트를 적용하면 2,220이라는 클릭 수를 획득할 것으로 기대된다. 최종적인 예상 클릭 수 2,243회가 된다.

AB테스트에 너무 많은 공을 들이면 안 되는 이유

그런데 만일 처음 실행한 AB테스트에서 A, B패턴에 대해 각각 100회씩이 아닌 200회씩, 혹은 300회씩 노출 테스트를 했다면 결과는 어떻게 달라졌을까?

최종적인 클릭 수는 조금씩 줄어들 것이다. 다음은 각각의 경우를 계산한 결과다.

- AB 테스트에서 시험 노출 횟수를 200회씩으로 설정할 경우
  총 클릭 수 : 2,236   클릭률 : 14.91%
- AB 테스트에서의 시험 노출 횟수를 300회씩으로 설정할
  경우
  총 클릭 수 : 2,229   클릭률 : 14.86%

다시 말해, AB테스트로 소요한 노출 횟수가 많을수록 최종적
으로 획득하게 되는 고객들의 클릭 수는 줄어든다는 이야기가 된
다. 그러므로 이런 테스트는 최소한의 자원으로 시행하고, 즉각적
인 판단을 내려야 한다는 사실을 알 수 있다.

얼마만큼의 자원(시간, 비용 등)을 AB테스트에 써야 할지 정해
진 기준은 없지만, 개인적인 판단으로는 전체 가용 자원의 1~2퍼
센트 정도가 효율적이라 생각한다. 그 안에서 AB테스트를 신속
히 실시하고 테스트 결과를 바로 판단하는 것이 바람직하다. 위의
예에서도 1만 5,000회 중 AB테스트로 200회를 사용했으므로, 약
1.3퍼센트 정도를 쓴 셈이다.

서점의 매대를 보면 AB테스트의 특성이 잘 드러난다.

새로운 책들은 계속해서 출간되는데 매대에 진열하고 배치할

수 있는 공간은 한정되어 있다. 스테디셀러나 베스트셀러처럼 특별한 경우를 제외하고, 평범한 책들의 유효기간을 편의상 1년이라고 해보자. 일반적으로 이런 책들은 서가에 진열된 지 일주일 정도면 인기가 있을지 없을지 판가름이 난다. 유감스럽지만 잘 안 팔리는 책은 여지없이 반품된다.

이때 책의 판매율을 가늠하는 7일이라는 날짜는 365일의 약 2퍼센트에 해당한다. 그러므로 첫 2퍼센트 안에 AB테스트를 통해 책의 운명을 판단한다고 할 수 있다.

비즈니스 세계는 우리 생각보다도 훨씬 빠른 속도로 움직이고 있다. AB테스트에 소비하는 자원을 1~2퍼센 정도로 제한해야 한다고 내가 제안한 것도 그런 이유 때문이다. 물론 '그래도 혹시 모르니, 좀 더 오래 테스트하면서 상황을 지켜봐야 하지 않을까?'라는 반론도 있을 법하다.

무슨 말인지 이해는 되지만, **앞서 숫자로 살펴보았듯이 테스트를 오래 끌수록 최종적으로 얻을 수 있는 열매는 작다는 것은 틀림없는 사실이다.** 우리는 이 숫자와 사실에 기반하여 생각하고 판단해야 한다.

미래의 일을 구체적으로 설명할 수 있는 능력

이제 이 이야기의 또 한 가지 중요한 측면이자 결론으로 넘어갈 차례다. AB테스트를 활용하면 '앞으로 판매량이 어느 정도까지 늘어날 것인가?'에 대해서, 숫자를 근거 삼아 분명히 설명할 수 있을까?

앞서 살펴본 인터넷 쇼핑몰의 경우는 어떠한가? '최종적으로 클릭 수를 얼마나 획득할 수 있을까?'를 분명한 숫자로 설명할 수 있다.

책 판매는 어떨까? '이 책이 최종적으로 얼마나 팔릴까?'를 AB테스트를 통해서 숫자로 가늠할 수 있다.

이는 직장인에게 상당히 중요한 '수학적 관점'이다. 아직 알 수 없는 미래의 일을, 현재의 시점에서 숫자로 설명할 수 있다는 것은 상당히 강하고도 설득력 있는 능력이 된다.

이 수학적 관점은, 아래의 흐름을 따라서 실제 업무에 적용할 수 있다.

특정 주제에 대해 '최종적으로 얼마나 될까?'라는 결과를 숫자로 도출하고자 계획한다.

어떤 AB테스트를 실시하는 것이 효과적일지 선택한다.

전체 자원의 1~2퍼센트를 테스트에 활용할 것을 모든 관련자들에게 이해시킨다.

이 책을 읽는 여러분도 미래의 일을 숫자로 설명할 때 AB테스트를 꼭 활용해보기 바란다. 간단한 테스트를 통해 훨씬 더 정확한 눈으로 미래를 바라볼 수 있을 것이다.

인건비 vs 광고비
어디를 줄여야 할까?

감도분석

> **요리 재료** : 변화시키고자 하는 수치A와 관련 수치B
> **만들고 싶은 요리** : A의 변화는 B의 변화에 어느 정도 영향을 주는가
> 를 파악하기
> **조리에 필요한 조건** : A의 변화는 B의 변화에 영향을 미친다는 가정
> **조리 방법** : 감도분석

적자에 직면한 회사, 선택의 기로에 놓이다

단순한 질문 하나로 이야기를 시작해보자.

회사의 상황이 불안정할 경우, 다음 중 어느 쪽이 경영에 더 큰
영향을 미칠 것이라고 생각하는가?

• 인건비를 대폭 줄인다.

• 광고비를 대폭 줄인다.

당신의 대답은 어느 쪽인가?

만일 이와 같은 상황에서 어떤 선택이 더 합리적인지 숫자로 설명할 수 있다면 즉, '어떤 요소가 얼마나 영향을 미치는가'를 수치화할 수 있다면 당신은 경영진과도 대등하게 대화를 할 수 있는 사람이다.

왜냐하면 경영진은 자나 깨나 그 생각을 하기 때문이다.

지금부터 가상의 회사를 예로 들어서 자세한 이야기를 해보려 한다. 당신의 회사에서도 충분히 일어날 수 있는 일이니 주의 깊게 들어주었으면 한다.

이 회사는 창립 5년째에 접어들었고, 지난해 수익은 25억 원이었다. 최근에는 실적이 하강 곡선을 타고 있어서 조만간 대책을 세우지 못하면 적자로 전락할지 모른다는 것이 사내의 공론이다.

내부 사람들의 의견은 두 가지로 갈린다.

먼저, 인건비를 삭감하지 않으면 더 이상 버티기 힘들다고 생각하는 쪽이 있다. 직원들이 희생을 하더라도 전체 임직원의 급여를 삭감해야 한다는 것이 이들의 주장이다.

또 한편의 그룹은, 현재 회사가 광고비를 효율적으로 집행하지 못하는 것이 가장 큰 문제라고 지적하며 이 문제를 시정하는 것이

급선무라고 말한다.

　그러나 두 그룹 모두 주장만 할 뿐, 구체적인 숫자를 제시하지는 않은 상태다.

　아래는 이 회사의 변동비와 고정비를 항목별로 적은 표다.

과목	실적
매출	100,000
매출 원가	36,000
수수료	7,000
기타	1,000
변동비 합계	44,000
임원 보수	14,000
급여 및 수당	24,000
광고 판매촉진비	5,500
교통비	1,500
통신비 수도광열비	2,000
감가상각비	2,000
임차료 및 임대료	1,000
외주비 및 업무위탁비	500
기타	3,000
고정비 합계	53,500
이익	2,500

(단위: 100만 원)

월급과 광고비, 어느 쪽을 희생할 것인가?

두 그룹의 의견 대립이 갈수록 날카로워지자 사장은 이렇게 제안했다.

"원가를 중심으로 하는 변동비를 삭감하기란 현실적으로 불가능합니다. 그러므로 고정비를 삭감할 수밖에 없어요. 어떤 고정비 항목을 삭감해야 하는지, 그 비용을 20퍼센트 삭감할 경우 수익에 어떤 영향을 미칠 것인지 전체 임직원은 각자의 생각을 정리해서 제시해주십시오. 정교한 수치는 아니어도 좋습니다. 그 숫자를 참고해서 판단을 내릴 생각입니다."

사장의 지시에 따라 즉시 임원진을 중심으로 토론이 시작되었다. '정교한 수치는 아니어도 좋다'라는 사장의 발언에 힘입어 다들 활발히 의견을 제시했다.

먼저, 임원 월급을 포함 전 직원의 급여를 20퍼센트 삭감할 경우는 어떨까?

직원들의 사기가 저하되고 퇴직자도 발생할 것이다. 또한 야근 시간도 단축되어 전체 매출은 10퍼센트가량 감소하리라는 계산이 나왔다. 나아가 사내에서 감당하지 못하는 업무는 외주로 위탁하게 되어, 업무위탁비가 현재의 세 배 수준으로 상승할 것이라 예측되었다. 여기에는 인사부장의 의견이 상당 부분 반영되었다.

이어서, 광고 및 판매촉진 비용을 20퍼센트 삭감할 경우는 어떻게 될까?

조사한 결과, 실제로 광고와 판촉이 효과를 제대로 거두지 못하는 경우는 특정 제품 몇 가지에 한하는 것으로 나타났다. 그리고 이 제품들은 애초에 수익률이 낮았다. 반면에 주력 상품의 경우는 판촉 비용을 저렴하게 책정해도 수익률에 큰 영향을 미치지

인건비를 20퍼센트 삭감할 경우

항목	실적
매출	90,000
매출 원가	**32,400**
수수료	7,000
기타	1,000
변동비 합계	40,400
임원 보수	**11,200**
급여 및 수당	**19,200**
광고 판매촉진비	5,500
교통비	1,500
통신비 수도광열비	2,000
감가상각비	2,000
임차료 및 임대료	1,000
외주비 및 업무위탁비	**1,500**
기타	3,000
고정비 합계	46,900
이익	2,700

광고비를 20퍼센트 삭감할 경우

항목	실적
매출	100,000
매출 원가	36,000
수수료	7,000
기타	1,000
변동비 합계	44,000
임원 보수	14,000
급여 및 수당	24,000
광고 판매촉진비	**4,400**
교통비	1,500
통신비 수도광열비	2,000
감가상각비	2,000
임차료 및 임대료	1,000
외주비 및 업무위탁비	500
기타	3,000
고정비 합계	52,400
이익	3,600

(단위: 100만 원)
• 매출이 떨어지기 때문에 그에 연동해서 매출 원가도 변화한다(원가율 36%)
• 굵게 표시한 글씨는 수치가 변화한 항목

않으리라는 의견이 대다수였다. 결과적으로 총매출에는 큰 영향이 없고 현상 유지가 가능하다는 계산이 나왔다. 여기에는 마케팅부장의 의견을 대폭 반영했다.

두 그룹의 의견을 종합하여 수치로 정리하면 아래와 같다.

광고비 20퍼센트 삭감 → 이익 11억 원 증가
인건비 20퍼센트 삭감 → 이익 2억 원 증가

이 결과를 바탕으로 사장은 내년도 계획을 세울 때 마케팅부의 예산을 삭감하고, 대신 정밀도와 효율을 높이도록 지시했다. 더불어 전 사원이 마케팅부와 긴밀히 소통하는 시스템을 구축하도록 했다.

사장은 다음과 같은 메시지를 통해, 직원들 사이의 대립을 일단락 지었다.

"우리 회사에서 사람은 자산입니다. 사람에 대한 투자를 멈춘다는 것은 성장을 멈춘다는 뜻입니다. 이렇게 되면 회사는 오히려 피해를 입게 됩니다. 이제부터는 전 사원이 마케팅 분야에 안목을 갖추어야 할 것입니다. 마케팅은 비용이 아니라, 지혜와 감각을 쓰는 일임을 기억해주십시오."

더 민감한 영향을 미치는 항목을 찾아내기

이 이야기의 핵심은, 단순히 금액이 많다고 해서 인건비를 삭감할 것이 아니라 그로 인한 영향까지 고려하자는 것이다. **또한 특정한 선택이 어떤 영향을 얼마나 미칠 것인지를 숫자로 설명할 수 있어야 한다는 것이다.**

인건비와 수익, 그리고 광고비와 수익은 각각 어떻게 연관되어 있는가? 그것을 숫자로 파악하면 어떤 결과가 나오는가? 그야말로 '수학적인 관점'이며 여러분이 학창 시절에 배운 '함수'인 셈이다.

이러한 사고방식은 '감도분석'이라고 하는 분석 기법을 기초로 한다.

예를 들어 살이 많은 엉덩이는 어딘가에 부딪쳐도 그리 아프지 않지만, 새끼발가락을 뭔가에 찧으면 눈물이 찔끔 날 만큼 아프다. 다시 말해, 새끼발가락 쪽이 감도가 높고 신체에 미치는 영향이 더 크다고 표현할 수 있다.

이 사례 속 광고비와 인건비는 엉덩이와 새끼발가락에 비유할 수 있다. 이 비교 방법을 왜 감도분석이라고 말하는지 충분히 이해할 수 있을 것이다.

감도분석에서 주의해야 할 한 가지는, 직접적으로 영향을 미치는 관련 항목을 분석해야 한다는 점이다. 위의 경우 '직원들의 한

달 식대' 같은 숫자를 감도분석에 적용한들 의미 있는 결과는 얻을 수 없을 것이다. '직원들의 식대가 상승하면 회사의 실적도 오른다'라는 논리는 지나친 비약이기 때문이다.

긴밀하게 연관되어 있고, 서로 직접적으로 관련된 요소를 파악하여 숫자로 끌어낸다면 감도분석을 성공적으로 할 수 있을 것이다.

4. '리스크'를 알고 싶을 때 써먹는 수학

실적이 똑같은 두 공장 가운데
어디를 택할 것인가?

표준편차

> 요리 재료 : 변동하는 데이터
> 만들고 싶은 요리 : 리스크를 수치화하기
> 조리에 필요한 조건 : 엑셀 활용 능력
> 조리 방법 : 표준편차

일터에 꼭 필요한, 기초적인 통계 레시피

빅데이터의 시대를 맞이하여 데이터 리터러시(데이터 해독 능력-옮긴이)가 중요한 화두로 떠오르고 있다. 또한 통계적인 분석을 함으로써 실수할 가능성을 줄일 수 있다는 주장이 힘을 얻고 있다. 나도 동의하는 내용이다. 실제로 많은 직장인들이 통계학을 배우고자 책도 읽고 세미나를 찾기도 한다.

하지만 전문 서적을 읽고, 세미나에도 열심히 참석한 많은 사람들이 이후에도 배운 내용을 잘 활용하고 있을까? 아마 대부분은 그렇지 않을 것이다. 나의 결론은, 통계와 관련된 전문가가 아니라면 **보통 사람들의 일터에서 필요한 통계 지식은 아주 기초적인 수준으로도 충분하다는 것이다. 평소 써먹을 일이 없는 고급 요리의 레시피는 별 의미가 없다.**

그런 의미에서 '일단은 이것으로 충분하다'라고 할 만한 기본적인 통계 기술 두 가지를 골라 소개하려 한다. 여러분도 한 번쯤 들어보았을 '표준편차'와 '상관계수'라는 것이다.

먼저 '표준편차'라는 수치는 왜 필요할까? 나는 표준편차를 일터에서 가장 강력한 무기가 되는 도구라 설명한다. 그 이유는 뭘까?

한마디로, '리스크를 수치화할 수 있기' 때문이다.

모든 비즈니스에는 리스크가 존재한다. '리스크 없이 돈 벌 수 있다'는 말을 믿는 사람은 없을 것이다. 당신이 관여하는 어떤 사업에도, 크든 작든 리스크는 존재한다. 그리고 그 리스크에 대해 이야기할 때, 당신과 사업 파트너는 틀림없이 '얼마나 리스크가 큰가?'를 알고 싶을 것이다. **그러므로 과거의 사건으로부터 미래의 위험을 수치화할 수 있는 기술은 비즈니스에서 필수적이다.**

모의고사 점수 60점, 이 과목을 포기해야 할까?

먼저, 표준편차의 정의를 알아보자.

'어느 데이터군의 평균치를 중심으로, 자료가 평균 주변에 얼마나 모여 있는지 혹은 흩어져 있는지를 수치화한 것(엑셀에서는 함수 'STDEVP'로 계산).'

이제 간단한 예를 통해서 표준편차를 쉽게 이해해보자.

수험생 박 군과 최 양이 모의고사를 치렀다. 모의고사는 A, B, C 세 종류다. 과학 과목만 따로 떼어놓고 보았을 때, 두 학생의 평균 과학 점수는 동일하게 60점이었다. 그리고 각각의 모의고사에서 받은 과학 과목 점수는 다음과 같다.

박 군의 과학 모의고사 점수

A	B	C
30	90	60

평균 60점

최 양의 과학 모의고사 점수

A	B	C
60	70	50

평균 60점

이때 평균을 벗어난 수치들은 다음의 계산 과정에 따라 수치화한다. 그 값이 곧 표준편차다.

1. 각각 평균과의 차를 계산

2. 각각 그 2승을 계산

3. 세 가지 숫자를 합산

4. 데이터의 개수로 나눈다(이 경우는 3으로 나눈다).

5. 제곱근을 찾는다(2승해서 4번의 수가 되는 수치를 찾는다).

위의 공식에 따라 두 학생의 과학 점수 표준편차 값을 구해보자.

박 군의 과학 점수 표준편차		A	B	C	평균점 60
		30	90	60	
STEP1	평균점으로부터의 차	−30	+30	0	
STEP2	그 2승	900	900	0	
STEP3	합계	1,800			
STEP4	데이터의 개수로 나누기	600			
STEP5	제곱근 찾기	24.49489743			

최 양의 과학 점수 표준편차		A	B	C	평균점 60
		60	70	50	
STEP1	평균점으로부터의 차	0	+10	−10	
STEP2	그 2승	0	100	100	
STEP3	합계	1,800			
STEP4	데이터의 개수로 나누기	66.66666667			
STEP5	제곱근 찾기	8.164965809			

박 군의 과학 성적 표준편차는 24.49다(엑셀 프로그램에서 함수 'STDEVP'를 적용하여 이 수치를 얻을 수 있다. 인터넷 검색으로 계산하는 방법을 쉽게 익힐 수 있으니, 연습 삼아 실제로 한번 해볼 것을 권한다). 즉, 평균 점수를 기준으로 점수의 편차가 약 25점만큼이나 넓게 분포되어 있다는 이야기다. 그에 비해 최 양의 과학 성적 표준편차는 박 군에 비하면 훨씬 좁은 8점 정도에 머문다. 그러므로 박 군의 성적은 최 양에 비해 더 불안정하다고 판단할 수 있다. 박 군의 경우, 입시를 치를 때 과학 과목은 상당한 리스크로 작용할 것이다.

이처럼 똑같은 평균 60점이라도 전혀 다른 평가를 내릴 수 있다. 모의고사 때마다 편차가 큰 사람은 안정적으로 비슷한 점수를 얻는 학생에 비해 리스크가 훨씬 크다. 만약 최 군이 과학 과목을 포기하지 않고 끝까지 비중 있게 공부할 예정이라면 객관적인 근거를 바탕으로 일정한 기준을 마련해야 할 것이다.

나라면, 이후 모의고사를 몇 번 더 치르면서 과학 과목이 다음의 조건을 충족하는지를 살펴볼 것이다. 만약 이 조건에 부합하지 못한다면 과학 과목은 과감히 포기하고 더 자신 있는 다른 과목에 시간을 안배하는 편이 현명할 듯하다.

- 앞으로 또 다른 모의고사를 세 번 이상 치른다.
- 그 득점의 평균 점수가 70점 이상이다(현재보다 성과가 높아질 것).
- 그 표준편차가 10점 미만이다(현재보다 리스크가 적어질 것).

어느 공장을 택해야 더 안정적일까?

물론 이런 상황은 대입 시험이 아니라 비즈니스에서도 얼마든 일어날 수 있다.

예를 들어 제조공장 '가'와 '나'가 있다고 치자. 이곳 두 제조공장에서 매월 불량품 발생 횟수를 데이터화하여 그 평균치와 표준편차를 산출한다.

평균치가 거의 같다고 해도 표준편차가 작은 쪽의 제조 과정이 더 안정적이고 그만큼 신뢰도가 높다고 평가할 수 있다. 표준편차가 큰 공장이라면, 예기치 못한 기계의 오작동이 빈번하게 발생한다거나 작업자의 업무 수준에 편차가 있다고 가정할 수 있다. 표준편차가 큰 공장은 언제든 불량품을 대량으로 쏟아낼 리스크가 큰 셈이다.

만약 어떤 공장의 안정성이 얼마나 높아졌는지 평가하고자 한다면, 이 역시 표준편차를 통해 해결할 수 있다.

- 불량품이 발생하는 원인을 특정해서 개선한다.
- 일정 기간 동안 공장을 가동한다.
- 불량품 발생률의 평균치가 얼마나 감소하는지 확인한다(현재보다 불량률이 줄 것).
- 그 표준편차가 얼마나 감소하는지 확인한다(현재보다 리스크

가 작아질 것).

위의 조건을 충족한다면 공장의 '안정성이 높아졌다'라고 설명할 수 있을 것이다. 그런데 위의 조건 어딘가를 충족하지 못했다면 개선 과정에 다시 돌입해야 한다. 목표로 하는 수준을 숫자로 정의하고 그 수준에 이르도록 개선 작업을 실시한다.

당신의 업무에서도 리스크를 수치화할 수 있다면 좋겠다고 생각하는 상황이 종종 생길 것이다. 표준편차를 활용해 리스크를 점검하고 관리하는 습관을 들여보자.

5. '관련성'을 알고 싶을 때 써먹는 수학

베테랑 사원에게도
연수가 필요할까?

상관계수

요리 재료 : 늘고 주는 변동이 존재하는 두 종류의 데이터
만들고 싶은 요리 : 상관관계의 강도를 수치화
조리에 필요한 조건 : 엑셀 활용 능력
조리 방법 : 상관계수

'둘이 어떤 관계인가?'에 관한 수학적 답변

표준편차에 이어서 소개할, 기본적인 통계 기술 또 한 가지는 '상관계수'다.

상관계수의 강력한 기능을 설명하자면 한마디로 '얼마나 관련 있을 것 같은가?'를 수치화할 수 있다는 점이다.

우리는 흔히 '어떤 관계'인지를 묻곤 한다.

어렸을 적 친구들 사이에서는 '나는 너랑 얼마나 가까운지'에

관심이 많았다. 어떤 친구와는 '단짝'이라 부를 만큼 친밀한 관계였고, 누군가와는 '잘 아는 사이'였고, 또 어떤 경우에는 '사이가 별로 안 좋다'고 말하기도 했다.

이때의 개념은 애매해서 뚜렷한 기준이 없었지만, 성인이 되어 업무 이야기를 할 때는 '어떤 관계'인지에 대해 정확한 숫자로 생각하고 표현하게 된다.

광고비와 매출은 얼마나 깊은 연관이 있는가?

기온과 방문고객 수는 얼마나 깊은 연관이 있는가?

경력 햇수와 성과는 얼마나 깊은 연관이 있는가?

이런 식으로 어떤 두 가지 요소 중 하나의 숫자가 변화할 때 다른 하나에는 얼마만큼의 변화가 일어나는지 파악하는 것은 비즈니스에서 아주 효과적이고도 꼭 필요한 일이다.

예를 들어, 광고비와 매출이 어떤 관계인지를 알면 '매출을 늘리기 위해서는 광고비를 늘리는 것이 효과적'이라고 논리적으로 주장할 수 있을 것이다.

또한 어떤 업종이 기온이 내려갈수록 고객의 숫자가 증가하는 경향이 있다면, 기온에 따라 방문 고객 수를 예측할 수 있다.

만약 경력이 일정 햇수를 넘어서면 성과가 오히려 감소하는 경향이 있다고 한다면, 경력자들을 재교육하는 것이 경영의 중요한 과제가 되기도 할 것이다.

같은 방향으로 가는 관계인가, 반대 방향으로 가는 관계인가?

상관계수 역시 표준편차와 마찬가지로 엑셀에 입력하는 것만으로 간단히 값을 얻을 수 있다. 기억해두었다가 업무에 활용해보길 바란다.

먼저, 상관계수의 정의와 성격을 분명히 하고 넘어가자.

- 상관계수: 두 데이터의 상관관계 정도를 수치화한 것(엑셀에서는 함수 CORREL(배열1, 배열2)로 계산)
- '상관관계가 있다'란 데이터 두 개의 증감이 비슷한 경향이 있다는 것을 의미한다.
- $-1 \leqq$ 상관계수 $\leqq +1$
- +1에 가까운 수치일수록 강한 정의 상관관계가 있다.
- −1에 가까운 수치일수록 강한 부의 상관관계가 있다.

예를 들어보자. 어느 입시학원에서 국어, 영어, 수학 세 과목의 모의고사를 실시한 후 각각의 평균 점수 데이터를 사용해 상관계수를 산출했다.

그 결과 국어와 수학의 상관관계는 약 +0.8로 정의 상관관계가 있었다. 한편 국어와 영어의 상관관계는 약 −0.7로 부의 상관관계가 있는 것으로 나타났다. 이 결과만을 놓고 보자면 국어를 잘하는 학생들이 의외로 수학에도 강하다는 것, 그리고 국어는 잘하는데 외국어인 영어에서는 고전하는 경우도 많다는 사실을 알수 있다.

	1차	2차	3차	4차
국어	30	55	65	45
수학	20	30	75	45
영어	70	50	45	40

국어와 수학	+0.8030316
국어와 영어	−0.710957873

이 상관계수는 매우 복잡한 수학적 이론에 의해 산출되었다. 이론적인 설명은 다른 전문서에 양보하고, 이 책에서는 어디까지나 직장인들이 쉽게 이해하고 활용할 수 있는 영역만을 다룰 것이다.

앞서 설명했듯, 산출된 상관계수는 반드시 −1에서 +1사이의 수치다.

A가 증가하면 B도 증가하는 관계는 '정의 상관관계'라고 한다. 매출과 광고비의 관계가 여기에 해당한다.

한편 '부의 상관관계'란 A가 늘수록 B가 줄어드는 관계다. 기온이 떨어지면 방문자 수가 늘어나는 상황을 예로 들 수 있다.

일반적으로 +0.7 이상(혹은 −0.7 이하)의 수치는 강한 정(혹은 부)의 상관관계가 있다고 평가하며, 비즈니스에서 근거 자료로 삼기에 적절하다고 생각한다.

뒤집어 말하면 ±0에 근접한 수치는 딱히 상관관계를 인정할 수 없다는 얘기가 된다. 그런 경우 두 변수를 연결 지어 논하는 것은 무리가 있다.

깊이 연관된 요소일수록 설득력이 높아진다

수학적인 해설은 여기까지로 하고, 지금부터 정말 중요한 이야기를 하려 한다. 여러분이 기억해야 할 것은, 반드시 두 가지 변수 사이에 연관 관계를 생각해서 가설을 세워야 한다는 점이다. 아래처럼 말이다.

- 내년도 광고 예산을 책정하려 한다.
  → 광고비와 매출 사이에 상관관계가 있는 것은 아닌가?
- 내일 방문 고객 수를 예측하고자 한다.

→ 기온과 방문 고객 수 사이에 상관관계가 있는 것은 아닌가?

• 베테랑 사원에게 연수가 필요하다는 사실을 설명하고 싶다.

→ 경력 햇수와 성과 사이에 상관관계가 있는 것은 아닌가?

어느 상황이든 공통점은 두 가지 요소 사이에 관련성을 의심하는 것이다.

앞에서 언급한 입시학원의 데이터만 해도 그렇다. 학생들의 성적을 분석하면서 예상과 다른 현상을 감지하고 '어쩌면 국어와 수학 성적 사이에 연관성이 있는 것이 아닐까?'라는 의심을 해야만 상관계수를 산출하는 행위로 이어질 수 있다.

정리하면, 다음 질문에 대답하는 것이 당신의 일이다.

1. 당신은 어떤 일을 계획하거나 평가하고자 하는가?
2. 그 일과 관련하여, 어떤 두 가지 요소의 상관관계를 의심할 것인가?
3. 그 두 가지 요소를 데이터로 준비할 수 있는가(팩트 기반 사고로 일할 수 있는가)?
4. 산출한 상관계수를 어떻게 평가할 수 있을까?

두 가지 데이터 사이의 연관성을 강조하는 이유는, 이것이 업무에서 상대방을 설득할 수 있는 강력한 근거 자료가 되기 때문이다. 회사에서 단순히 '광고 예산을 좀 늘려주었으면 좋겠다'라고 주장해서는 뜻을 관철하기 힘들다. 광고비와 매출 사이에 깊은 연관이 있다는 숫자를 근거로 제시할 때 상사와 회사의 반응이 달라진다.

방대한 데이터를 고도의 기술로 복잡하게 분석한다고 해도, 그 설명을 이해할 수 있는 사람은 회사 내에 많지 않을 것이다. 그러나 두 가지 요소의 기본적인 상관관계로 설명하면, 누구든 쉽게 이해할 것이고 설득하기도 그만큼 쉬워진다.

당신이 통계 분야의 연구원이 아니라면 난이도 높은 분석을 할 필요는 없다. **당신이 할 일은, 지금 눈앞에 있는 그 일을 가장 간단하면서도 단순한 방법으로 추진하는 것이다.**

5년 후 매출 50억이 되려면
몇 명의 직원을 충원해야 할까?

단순회귀분석

> 요리 재료 : 깊은 상관관계가 있는 두 종류의 데이터
>
> 만들고 싶은 요리 : Y = aX + b라는 형태의 수학적 모델
>
> 조리에 필요한 조건 : 엑셀 활용 능력
>
> 조리 방법 : 단순회귀분석

내일 기온이 영상 5도라면 고객들의 숫자는 얼마나 될까?

이번에 만들고자 하는 요리는 바로 '수학적 모델'이다. 데이터라는
재료를 조리하여 어떻게 수학적 모델을 만들 수 있을까? 먼저 간
단한 정의를 알아보자.

수학적 모델이란 무엇일까?

'사물이나 사상의 구조를 수학적으로 구체화한 것.'

내가 정의하긴 했지만, 너무 추상적이라 무슨 말인지 알 수 없다. 구체적인 예를 들어 좀 더 이해하기 쉽게 설명해보자.

어떤 업체에서 서비스를 제공하는데, 이 서비스의 기본요금이 100원이고 이후 하루 이용할 때마다 10원씩 요금이 추가된다. 이용 날짜 수를 X, 들어가는 비용을 Y라고 치면 이 서비스는 수학적으로 다음과 같이 표현할 수 있다.

$$Y = 10x + 100$$

말하자면 이 서비스의 구조를 수학적으로 분명히 표현한 셈이다. 이것이 바로 내가 정의하는 '수학적 모델을 만든다'는 것이다. 이렇게 수학적 모델을 만들면, 눈앞에 있는 데이터를 손쉽게 의미 있는 숫자로 변환할 수 있다.

수학적 모델을 만드는 대표적인 요리법 두 가지를 소개하고자 한다.

첫 번째는 '단순회귀분석'이라 불리는 방법이다.

이것은, 두 가지 요소 사이의 연관성에 대해 수학적 모델을 만듦으로써 구체적인 수치를 산출하는 것이다. '두 요소 사이의 연관성'이라는 대목에서 앞서 설명한 상관계수를 떠올리는 사람들이 있을 것이다. 정확한 지적이다. 실상 단순회귀분석이란, 상관계수의 연장선상에 있다고 할 수 있다.

상관계수에서 다루었던 세 가지 사례를 다시 떠올려보자.

• 내년도 광고 예산을 책정하려 한다.

→ 광고비와 매출 사이에 상관관계가 있는 것은 아닌가?

→ 깊은 상관관계가 있는 것으로 나타났다.

→ 그렇다면 매출 20억 원을 달성하기 위해 필요한 광고 예산은 구체적으로 얼마인가?

• 내일 방문고객 수를 예측하고자 한다.

→ 기온과 방문 고객 수 사이에 상관관계가 있는 것은 아닌가?

→ 깊은 상관관계가 있는 것으로 나타났다.

→ 내일 평균 기온이 5도라면 방문 고객의 수는 구체적으로 몇 명일까?

• 베테랑 사원에게 연수가 필요하다는 사실을 설명하고 싶다.

→ 경력 햇수와 성과 사이에 상관관계가 있는 것은 아닌가?

→ 깊은 상관관계가 있는 것으로 나타났다.

→ 그렇다면 경력 10년 이후, 1년이 지날 때마다 창출하는 성과는 구체적으로 얼마나 줄어들까?

어떤 두 요소 사이에 깊은 상관관계가 있다는 사실을 알아내고 나면, 거기서 한 발 더 나가고 싶어진다. 그래서 결과적으로 광고 예산이 얼마나 필요하고, 내일의 고객 수는 몇 명이 될 것이며, 경력직 사원의 업무 성과는 어떻게 달라지는가?

단순회귀분석을 통해, 여기에 대해 구체적인 숫자를 확보할 수 있다. 이를 통해 당신의 제안이나 주장에는 한층 힘이 실리게 된다.

5년 후 매출 50억을 달성하기 위해 필요한 직원 수는?

여기 H사의 사례를 살펴보자. H사는 시장에 뛰어든 지 얼마 안 되는 신규 업체다. 현재 직원은 18명이며, 약 17억 정도의 연 수익을 올리고 있다. 사장은 회사의 성장 전략을 발표하면서, 앞으로 5년 후에 매출 50억 원을 달성하겠다는 비전을 제시했다. 이에 따라 회사는 구체적인 채용 계획에 들어갔다. 사장이 제시한 5년 내에 신규 채용 인원을 몇 명으로 책정하는 것이 타당한지 검토하는 중이다.

회사는 먼저 해당 업계의 각사 현황을 조사했다. 동종업계 다른 회사들의 직원 수와 연간 매출액을 조사해서 어떤 상관관계가 있는지를 확인해보았다. 조사 결과, 직원 수와 연간 매출액 사이에 +0.92라는 강력한 정의 상관계수를 확인할 수 있었다.

이제 이 관련성을 수학적 모델로 만드는 작업을 하려 한다. 매

	직원 수(명)	매출(10만 원)
A	44	50,030
B	40	43,910
C	37	53,007
D	41	48,962
E	30	22,410
F	32	23,999
G	22	20,041
H	18	17,430
I	46	52,410
J	44	60,300
K	29	25,020
L	38	40,502
M	29	23,998
N	30	24,850
O	24	21,743
P	33	34,842

출액 50억 원을 달성하기 위해 필요한 직원 수를 논리적으로 계산할 생각이다.

이 데이터의 연관성을 수학적 모델로 만드는 방법은 엑셀을 활용하면 어렵지 않다.

엑셀 파일을 열어보면 '통계분석' 메뉴가 처음에는 보이지 않는다. 통계분석 메뉴가 표시되도록 하려면 엑셀 옵션에 들어가서 '추가 기능'을 클릭하고 '분석 도구'란에 체크를 해야 한다. 이제 '데이터 분석'이라는 메뉴가 활성화된다.

이제 사용할 데이터 시트를 열어놓고서 '데이터 분석'을 클릭한다. 많은 통계분석 메뉴 중에서 '회귀분석'을 선택하면 된다. 그 다음 Y축에는 종속변수, X축에는 독립변수를 지정하여 입력한다. 이때 각 축의 '입력 범위'에

↓ 산포도로 만들면

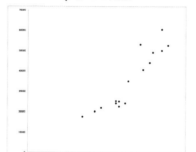

가로: 직원 수(명) 새로: 연간 매출(10만 원)

↓ 엑셀로 '회귀분석' 메뉴를 실행하면

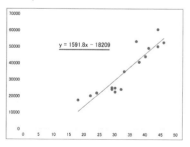

$y = 1591.8x - 18209$

해당되는 부분을 시트에서 드래그하여 선택하면 자동으로 범위가 지정된다. '잔차'를 입력하고 확인을 누르면 단순회귀분석이 끝난다. 이제 회귀분석 결과에 따라 직선으로 된 그래프와, 그 그래프를 나타내는 1차 함수 관계식 하나가 산출된다.

이번 사례의 경우 X축은 직원 수, Y축은 매출액을 나타내는 그래프와 관계식을 얻을 수 있다. 이때의 단순회귀식은 아래와 같다.

$$50000 = 1591.8x - 18209$$

이 업계의 현황을 분석해보면, 50억 원의 매출을 올리는 데 필요한 것으로 예상되는 직원 수는 다음의 계산에 따라 약 43명 정도라고 할 수 있다.

$$50000 = 1591.8x - 18209$$
$$X = (50000 + 18209) \div 1591.8 = 43$$

이 일련의 회귀분석을 통해 다음과 같은 결론을 내릴 수 있다.

- 직원 수와 매출이라는 두 가지 요소는 강한 정의 상관관계가 있다. 다시 말해, 매출이 높을수록 직원 수도 많다고 할 수 있다.

- 그 연관성을 수학적 모델로 만들면 $Y = 1591.8x - 18209$이 된다.
- 이 업계는 직원 한 사람을 충원할 때마다 1억 5,918만 원이 증가하는 구조라 할 수 있다.

만일 H사가 장차 매출 50억 원 규모의 회사로 성장하고 싶다면 그때 필요한 직원 수는 이론상 43명이다. 현재는 18명이므로 25명의 신규 채용이 필요하다.

이때 생각할 것은, 직원 한 사람을 늘릴 때마다 회사의 경비도 함께 증가한다는 사실이다. 직원 한 명을 채용할 때 발생하는 총경비와, 약 1억 6,000만 원이라는 매상 증가분을 비교하여 회사 입장에서는 어떤 선택이 타당한가를 판단해야 한다.

만약 적정하다는 결론이 나면 5년간 25명을 채용한다는 계획을 실현할 것이고, 그렇지 않다는 결론이 난다면 이 성장 전략을 다시 돌아볼 필요가 있다. 어느 쪽이든 숫자를 사용해 생각해야 합리적인 판단과 실행이 가능해진다.

이 업무의 흐름을 다시 정리해보면 다음과 같다.

상관계수를 파악

↓

강한 상관관계를 확인

단순회귀분석을 실시

구체적인 수치를 만들어 근거로 제시

　데이터를 재료 삼아 수학적인 모델을 만들어내는 조리법. 들여다보면 실은 매우 간단한 업무 기술이다.

7. '손익분기'를 계산할 때 써먹는 수학

내 회사는 다른 회사에 비해
얼마나 손실이 나기 쉬운가?

손익분기점 분석

> **요리 재료** : 숫자로 제안한 사업(수익) 계획
> **만들고 싶은 요리** : 얼마나 안전한 계획인지 수치화하기
> **조리에 필요한 조건** : 계획한 매출액, 변동비율, 고정비용 파악
> **조리 방법** : 손익분기점 분석

당신의 장사는 얼마나 안전한가?

수학적 모델을 만드는 두 번째 요리법을 소개할 차례다. 아주 간단한 이번 요리법은 '장사'에 관한 것이다. 여기서 말하는 장사란, 자영업뿐 아니라 제품과 서비스를 소비자에게 제공하는 모든 사업을 말한다.

당연한 얘기지만 장사에는 손익이 따라온다. 즉, 반드시 매출과 비용이 발생한다. 그리고 비용은 고정비와 변동비로 나눌 수

있다. 이 이야기를 한 줄로 표현하면 다음과 같다.

매출 − 변동비 − 고정비 = 이익

당신이 몸담고 있는 업종 또한 이런 구조로 이루어져 있다. 너무 당연한 얘기를 한다고 생각하는 독자도 있을지 모르겠지만 다음 이야기를 진행하기 위해 꼭 알아야 할 기본적인 사항이므로 확실히 해두자.

그럼 여기서 중요한 질문을 하나 던질까 한다.

> ## Q. 당신의 장사는 얼마나 안전한, 혹은 위험한 비즈니스 모델인가?

여기서 위험하다는 것은 곧 '손실이 나기 쉽다'는 의미다. 다시 말해, 당신의 비즈니스는 동종업계 경쟁사에 비해 얼마나 손실이 나기 쉬운가 하는 질문이다. 그것을 어떻게 파악하고 설명할 수 있을까? 지금부터 이를 수학적 모델로 해석하려 한다.

여기 세 회사 A, B, C가 있다. 세 회사의 변동비율과 고정비용은 각각 아래와 같다.

A사 : 변동비율 20%, 고정비용 700

B사 : 변동비율 40%, 고정비용 500

C사 : 변동비율 80%, 고정비용 500

변동비란 매출과 연동하여 증감하는 원가 비용이므로 매출에 대한 비율로 표현한다. 변동비율 20퍼센트란 매출의 20퍼센트만큼이 변동비에 해당한다는 뜻이다.

예를 들어 A사와 B사의 판매목표가 1,000이고, C사의 판매목표가 5,000이라면 그때 올릴 수 있는 이익은 다음과 같은 계산으로 얻을 수 있다.

A사의 이익 = 1,000 − 200 − 700 = 100(이익률 10%)

B사의 이익 = 1,000 − 400 − 500 = 100(이익률 10%)

C사의 이익 = 5,000 − 4,000 − 500 = 500(이익률 10%)

이익률은 세 회사가 모두 동일하다. 하지만 그렇다고 '얼마나 안전한가?'까지 동일한 것일까? 이럴 때 비즈니스에서는 손익분기점을 파악해서 그 숫자를 기준으로 설명한다.

손익분기점은 이익이 딱 제로가 되는 매출 시점을 말한다. 위의 예를 그대로 사용해 설명해보자.

A사, B사, C사의 손익분기점을 각각 a, b, c로 표시하면 세 업체의 사업은 다음과 같은 수학적 모델로 표현할 수 있다.

A사 : $a - 0.2a - 700 = 0$

B사 : $b - 0.4b - 500 = 0$

C사 : $c - 0.8c - 500 = 0$

문자식으로 표현하면 어렵게 느낄지도 모르지만 '매출 − 변동비 − 고정비 = 이익'이라는 기본 개념을 식으로 나타낸 것뿐이다.

이제 세 회사의 손익분기점 a, b, c를 구해보자.

A사 : $a - 0.2a - 700 = 0$ ➡ $0.8a = 700$ ➡ $a = 875$

B사 : $b - 0.4b - 500 = 0$ ➡ $0.6b = 500$ ➡ $b = 833.33\cdots$

C사 : $c - 0.8c - 500 = 0$ ➡ $0.2c = 500$ ➡ $c = 2,500$

a사는 '매출 875'가 손익분기점이다. 이 매출에서 조금이라도 내려가면 손실이 생기고, 조금이라도 올라가면 이익이 난다. 마찬가지로 방법으로 계산하여 B사는 약 833, C사는 2,500이 손익분기점이다.

매출 목표가 1,000으로 동일한 A사와 B사를 먼저 비교해보자. B사 쪽이 더 적은 매출로 손익분기점에 당도한다. 바꾸어 말하면 'B사가 손실이 날 가능성이 상대적으로 적고 안전하며, A사 쪽이 손실이 나기 더 쉽고 위험하다'라는 얘기가 된다.

하지만 C사와는 그렇게 단순히 비교할 수가 없다. C사는 매출

목표가 다섯 배나 큰 업체라 사업 규모 자체가 다르기 때문이다. 그렇기에 A사와 C사, 혹은 B사와 C를 비교하기 위해서는 위험도와 안전도를 따로 책정해야 한다. 각 사의 위험도와 안전도는 다음과 같이 계산한다.

위험도 = (손익분기점) ÷ (계획한 매출)
안전도 = 1 − 위험도

이제 세 회사의 위험도와 안전도를 계산해보자.

A사의 위험도 = 875 ÷ 1,000 = 0.875
B사의 위험도 = 833 ÷ 1,000 = 0.833
C사의 위험도 = 2,500 ÷ 5,000 = 0.5

A사의 안전도 = 1 − 0.875 = 0.125
B사의 안전도 = 1 − 0.833 = 0.167
C사의 안전도 = 1 − 0.5 = 0.5

이 안전도의 수치가 클수록 손실이 잘 안 나는 기업이라는 의미다.

즉, A사(0.125)보다 B사(0.167) 쪽이 더 안전하다고 할 수 있다.

이 방법을 사용하면 매출 규모가 다른 C사(0.5)와도 같은 기준을 적용할 수 있다. 비교 결과, C사는 A사나 B사보다 안전하다는 것을 숫자로 설명할 수 있다.

경영자처럼 생각하기

경영자 입장이 되면 어쩔 수 없이 실패를 두려워하게 된다. 경영자에게 실패란 '손실을 내는 것'이다. 그렇기 때문에 지금부터 추진하려는 사업이 얼마나 안전한지, 혹은 위험한지는 상당히 중요한 문제다.

만약 당신이 경영진의 판단을 기다린다면, 그들이 우려하는 부분에 대해 객관적인 수치 정보로 설명하여 이해를 돕고 명쾌한 해답을 제시해보라.

이를 위해서는 다음 세 종류의 숫자만 파악해두면 된다.

- 계획하는 매출액
- 변동비율(매출의 몇 퍼센트에 해당하는가)
- 고정비 금액

경영이나 사업이라는 말이 남 일처럼 느껴지는가? 그러나 언젠가는 당신이 경영진과 숫자로 대화를 나누는 상황이 올 것이다.

자기 사업을 시작할지도 모르고, 어쩌면 이미 준비 중에 있을 수도 있다.

사업을 하기 위해 모든 사람들이 MBA 과정을 밟을 필요는 없다. 가장 중요한 것은 '경영자는 무엇에 신경을 쓰는가'를 이해하는 일이다. 많은 직장인들에게 정말 필요한 것은 수많은 전문용어를 아는 것이 아니라, 생각하는 방식과 그 의미를 이해하는 것이다.

8. '얼마나 더 상승할지' 예상할 때 써먹는 수학

현재의 매출이
얼마나 더 올라갈까?

상승평균

요리 재료 : 시간별 데이터

만들고 싶은 요리 : 미래의 예상 수치

조리에 필요한 조건 : 시간별 데이터에 상승, 하강 등의 뚜렷한 경향이 있을 때

조리 방법 : 상승평균

청소년 범죄율은 앞으로 어떻게 변할까?

다음의 데이터는 최근 10년간, 일본 청소년들의 형사처벌 범죄율 추이를 나타낸 것이다. 팩트를 확인해보면 '최근 청소년 범죄가 늘고 있다'는 막연한 생각은 올바른 정보가 아님을 확인할 수 있다. 실제로 그래프를 보면 남녀 청소년의 범죄율이 모두 하강곡선을 그리고 있다. 지금까지의 추이로 판단한다면, 다음 해 청소년 범죄율 수치는 얼마 정도 되리라 예측할 수 있을까?

청소년의 형사처벌 건수(최근 10년간)

	첫해	2년차	3년차	4년차	5년차	6년차	7년차	8년차	9년차	10년차
남자(명)	70,971	71,766	68,665	62,775	53,832	47,084	41,358	33,860	27,609	23,253
여자(명)	19,995	18,516	17,181	14,921	11,616	9,385	7,003	5,061	3,907	3,544

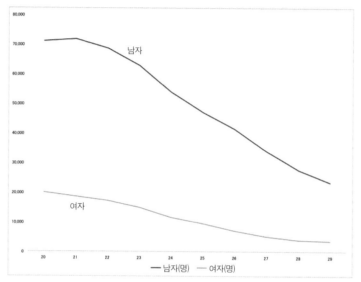

자료 : 〈경찰백서 통계자료〉

    사석에서 하는 발언이 아니라, 업무와 관련해 제안할 때는 적어도 수학적인 근거를 들어 예측해야 한다. 이럴 때 유용하게 쓸 수 있는 데이터 조리법이 바로 '상승평균'이다.

    상승평균이란 무엇인지, 정확히 이해하고 넘어가자.

$$1 \rightarrow (2배) \rightarrow 2 \rightarrow (4.5배) \rightarrow 9$$

위의 모델에서 증가방식에 주목하자. 처음 1이었던 숫자는 2배와 4.5배라는 두 번의 증가를 거쳐, 9라는 숫자로 커졌다. 그렇다면 이 모델은 평균 몇 배로 증가한 것일까? 두 차례의 증가로 9배가 된 셈이므로 그 평균은 3이라고 생각할 수 있다.

2배와 4.5배라는 숫자를 단순 평균 값으로 계산해서 $(2+4.5) \div 2 = 3.25$배라고 생각해서는 안 된다.

1 → (3배) → 3 → (3배) → 9, 즉 평균 세 배로 증가

상승평균이란 이 세 배라는 평균 증가 폭을 가리킨다. 다시 말하지만, 단순 평균과 구분하기 바란다. 여기서 실시한 수학적 계산은 다음과 같다.

1단계 : $2 \times 4.5 = 9$

2단계 : 2승해서 9가 되는 수를 찾는다. 3의 2승은 9이므로 '3'이 결론

엑셀을 사용하는 경우라면 'PRODUCT'와 'POWER'라는 함수를 활용하면 훨씬 간단히 값을 산출할 수 있다.

1단계 : PRODUCT(2, 4.5) → 9

2단계 : POWER(9, 1/2) → 3

'PRODUCT'는 곱셈을 구하는 함수고, 'POWER'는 거듭제곱을 구하는 함수다. 예를 들어 10의 2승을 계산하고 싶으면 POWER(10, 2)를 적용함으로써 100이라는 정답을 한 번에 끌어낼 수 있다.

그럼 이 방법을 앞의 통계 데이터에 적용해보자.

우선 10년간 남녀 청소년 범죄율에 대해, 전년 대비 증감률을 각기 산출한다. 그리고 그 아홉 개의 데이터를 모두 곱한다(1단계). 다음으로, 9승함으로써 1단계의 결과가 나오는 숫자를 구한다(2단계).

이 계산 과정에 따르면, 남자의 경우 최근 10년간 청소년 범죄율은 아래와 같이 변동한 것으로 나타난다.

남자 청소년의 범죄율

1단계 : PRODUCT(C10 : K10) → 0.327640867

2단계 : POWER(0.327640867, 1/9) → 0.883395822 ≒ 0.88

즉, 최근 10년간 남자 청소년의 범죄율은 직전 년도 대비 88퍼센트 수준으로 감소했다.

여자의 경우도 계산해보자.

여자 청소년의 범죄율

1단계 : PRODUCT(C11∶K11) → 0.177244311

2단계 : POWER(0.177244311, 1/9) → 0.825102749 ≒ 0.83

여자 청소년 범죄율은 최근 10년간 전년도 대비 평균 83퍼센트 수준으로 감소했다.

이 결과를 통해 다음 해의 수치도 예상할 수 있다.

10년차 청소년 형사처벌 건수 × 전년 대비 변동률 = 11년차 예상 수치

남자 청소년 : 23,253 × 0.88 = 20,463(명)

여자 청소년 : 3,544 × 0.83 = 2,942(명)

물론 이는 추이에 따른 예측이기 때문에 실제로 미래가 어떻게 될지는 아무도 모른다. 그러나 현재 시점에서 과거의 실적과 경향으로 미래를 수치화하는 것은, 가장 근거 있는 판단 기준을 만드는 일이다. 과거의 데이터들을 통해 '비율'을 조리하는 요리법을 꼭 익혀두길 권한다.

지금까지 수학적 기술로 데이터를 조리하는 여덟 가지 기본적인 방법을 살펴보았다. 다시 강조하지만, 이 책은 수학 공부를 하

는 것이 아니라 수학적인 사고방식과 업무 기술을 익히기 위한 것이다. 여덟 가지의 '얼마나'에 답하는 방법 가운데 당신의 업무에 바로 적용해볼 수 있는 것들이 분명 있을 것이다.

지금은 기술의 발전으로 어떤 데이터든 손쉽게 얻을 수 있는 시대다. 팩트 기반 사고로 일하는 것이 상식이 된 시대. 당신의 유용한 무기가 될 조리법을 다양하게 구사해보자.

그러고 보니 어떤 지인이 이런 말을 한 적이 있다.

"이제는 남자든 여자든 요리 잘하는 사람이 이성한테 인기야."

신선한 재료를 척척 요리해서 맛있는 음식으로 상대방을 대접한다면, 연인 사이에서든 회사에서든 틀림없이 인기를 한 몸에 얻을 수 있을 것이다.

제 4 장

숫자로 말할 수 없는 것을
숫자로 말하는 법

종종 직감에

의지해야 할 때가 있다.

- 빌 게이츠(Bill Gates)

'그걸 어떻게 알아?'
싶은 질문에 논리적으로 대답하기

누군가가 뜬금없이 이렇게 묻는다면 당신은 어떻게 답할 것인가?

"사람의 두피에 나는 머리카락 수는 대충 얼마나 될까?"

혹시 '내가 그걸 어떻게 알아?'라고 혼잣말을 하지 않았는가? 아니면 핸드폰을 집어 들어 곧바로 인터넷 검색창을 열었을지도 모른다.

사실 이런 엉뚱한 질문에 어떤 식으로 대처하느냐는, 일터에서 곤란한 사안에 맞닥뜨렸을 때 어떻게 풀어나가느냐와도 연관된다. '구글' 같은 기업들이 면접에서 기발한 질문으로 면접자들을 당황하게 만드는 것도 바로 그런 이유 때문이다. 바꿔 말하자면, 낯선 질문이나 상황을 처리하는 태도를 보면 비즈니스에서 성과를 낼 수 있는 사람인지를 가늠할 수 있다는 이야기다.

'지금 이 순간 지구상에서 재채기를 한 사람은 대충 몇 명 정도일까?'

'지금 당신이 줄 서고 있는 곳의 대기 시간은 대략 얼마나 걸릴까?'

'오늘 밤 생맥주를 마시는 사람은 전국에 대충 몇 명 정도일까?'

'지금 당신이 타고 있는 지하철 전체 칸의 총 승객 수는 어림잡아 몇 명이나 될까?'

'당신이 1년 동안 일을 함으로써 대략 어느 정도의 경제 효과를 창출할 수 있을까?'

자신도 모르게 '내가 그걸 어떻게 알아?'라고 말하고 싶어지는 '대충 얼마인가?'라는 질문. 이런 질문들은 대개 정답이 없다는 것이 공통점이다. 가령 재채기 문제에 나름대로 답을 제시했다 하더라도 정확한 답은 알 수 없다. 전 세계를 사람들의 재채기를 감지하는 재채기 탐지기라도 개발하지 않는 한 말이다.

> 보이지 않는 가치를 숫자로 말할 수 있는 사람은, 그만큼 신뢰할 수 있는 사람이라는 뜻이다.

하지만 비즈니스에서는 아무리 곤란하고 낯선 질문이라도 숫자로 답을 제시하는 것이 중요하다. **보이지 않는 가치를 숫자로 말할 수 있다는 것은 곧 '숫자로 생각할 수 있는 사람'이라는 증거이며, 그만큼 신뢰할 수 있다는 의미다.**

이번에는 좀 더 일반적인 예를 들어보자. 신규 사업을 시작하려 한다. 사업 첫해 매출, 3년차 매출, 5년차 매출이 어떤 성장 곡선을 그릴지 예상해보자. 마찬가지로 그 누구도 정확한 답을 알수 없다. 하지만 사업을 하는 사람 입장에서 '내가 어떻게 알아?'라고 말할 수는 없는 노릇이다. 최소한 '대략 얼마 정도'라는 숫자를 제시할 수 있어야 한다.

그럴 때 필요한 것이 상정이나 가정이라는, 인간의 직감에 의존한 사고다. 팩트 기반 사고나 논리 사고가 한계에 부딪히는 지점에서 바로 이런 직감과 가정에 기반한 사고가 필요하다.

이제부터 '팩트'의 한계를 뛰어넘어 보자.

AI는 못하고,
사람만이 할 수 있는 계산

1장에서 '숫자로 생각하기'는 두 종류로 구분된다고 설명했던 것을 기억하는가? 바로 '팩트 기반 사고'와 '가정 기반 사고'다. 가정 기반 사고는 '사실'이 눈앞에 없을 때 특히 유용한 사고방식이라고 이야기했다.

2장과 3장에서는 팩트 기반 사고로 수행할 수 있는 다양한 업무 기술에 대해 설명했다면, 이번 마지막 장에서는 가정 기반 사고의 본질과 적용 방법을 말하려 한다.

눈앞에 있는 구체적인 팩트가 없으면 '가정'으로 일을 추진할 수밖에 없다. 그런데 가정 기반 사고는 단순히 팩트 기반 사고의 대안이 아니다. 가정에 기반한 사고는 '인간이기 때문에 가능한 수치화'라 할 수 있다.

무슨 말인지 이해하기 쉽도록 인공지능(AI, Artificial Inteligence)의 예를 들어보자. 인공지능의 사전적 정의는 아래와 같다.

'계산(computeration)'이라는 개념과 '컴퓨터(computer)'라는 도구를 사용해서 '지능'을 연구하는 계산기 과학(computer science)의 한 분야를 가리키는 말. 언어의 이해나 추리, 문제해결 등의 지적 활동을 인간을 대신해서 컴퓨터가 행하는 기술, 혹은 계산기(컴퓨터)에 의한 지적 정보처리 시스템의 설계나 실현에 관한 연구 분야이기도 하다.

상당히 어렵고 복잡한 설명이지만 어렴풋이 이해할 수 있다. 나라면 이 어려운 정의를 한마디의 쉬운 문장으로 이렇게 압축할 것이다.

'매우 우수한 계산기.'

당신의 책상 위에 놓여 있는 전자계산기는 그야말로 계산기다. 전자계산기에 구체적인 수치를 입력해서 계산을 지시하면 순식간에 계산 결과를 보여준다. 여기서 중요한 사실은, 인간이 구체적인 수치를 입력하지 않으면 이 계산기는 그저 장식품에 지나지 않는다는 것이다.

누군가가 팩트를 입력하면 매우 신속하고 정확하게 답을 가르쳐준다는 것이 계산기의 장점이다. 하지만 이를 뒤집어 말하면 이런 의미가 된다.

① 프로그래밍 되어 있지 않은 계산은 하지 못한다.

② 지시받은 일밖에 하지 못한다.

③ 스스로 무언가를 하지 않는다.

④ 정확하게 계산하는 것을 전제로 존재한다.

이렇게 적고 보니 ①번부터 ③번까지는 마치 융통성 없게 일하는, 꽉 막힌 사람을 말하는 것 같다. 그리고 마지막 ④번 '정확하게 계산하는 것을 전제로 존재한다'가 지금부터 하고자 하는 이야기의 핵심이다. ④번의 특성 때문에, 사람이 AI에 일을 빼앗기는 일은 결코 일어나지 않을 것이다. 인간은 지금까지처럼 앞으로도 인간답게 일을 하면 된다. '숫자로 생각하기'라는 영역에서도 마찬가지다.

'대충 얼마'라는
답으로도 충분하다

내가 말한 '인간답다'라는 것은 무슨 의미일까? 이렇게 한번 생각해보자.

왜 사람은 참아야 하는 것을 알면서도 한밤중에 라면을 먹는 것일까?

왜 사람은 모범 답안이라는 걸 알면서도 동의하지 않는 것일까?

왜 좋아해선 안 되는 사람을 좋아하게 되는 것일까?

그 이유는, 원래 인간은 논리적이지 않기 때문이다. 우리는 직감적으로 살아간다.

먹고 싶은 것은 먹어야겠다. 싫은 것은 무조건 싫다. 좋아하니까 어쩔 수 없다.

그것이 우리 인간이다. 인간은 '정론'을 따르는 생물이 아니다. 오늘도 부주의한 실수로 지각하는 사람은 얼마든지 있다. 안 해도 될 행동을 군이 해서 상대방의 오해를 사는 경우도 부지기수다. 말과 행동이 일치하지 않는 사람들은 수없이 많다. 인간은 이처럼 불완전하다.

이 책에서 지금껏 다룬 '숫자로 생각하기'의 경우에도 인간은 계산기처럼 늘 정확하지만은 않다. **직감적이고, 때로는 정확하지 않은 상태로 일을 진행할 줄 아는 것. 이는 기계와 다른 인간만의 특징이자 장점이 된다.**

계산기는 하지 못하지만, 인간이기 때문에 할 수 있는 수치화의 대표적인 예가 바로 '가정 기반 사고'다. 이것이 진가를 발휘하는 상황은, 규모를 파악하기 위해 어림잡을 때다.

비즈니스 현장에서는 '대충 얼마 정도인가?'라는 질문에 적당히 답할 수 있으면 충분할 때가 많다. 예를 들어, 신규 사업을 시작할 때 첫해 매출액을 복잡한 이론과 고도의 기술로 시뮬레이션한 결과 '18억 2,417만 원으로 예상한다'라는 결론이 나왔다고 해보자. 고성능 계산기가 산출한 정교한 답이라 할 만하다. 대단하지만 한편으로는 부자연스럽다.

어떻게 될지 아무도 모르는 미래를 어떻게 그렇게까지 자세한 수치로 결론지을 수 있을까? 실제로 비즈니스를 하는 주체는 정교한 계산기가 아니라 부정확한 인간이다. '대략 20억 원 정도로 본다'라는 답이 오히려 더 자연스럽고 인간적이지 않은가? 비즈니스 정보로서도 그 정도면 충분하다.

사람의 머리카락 수를 세면
다른 문제도 쉽게 풀린다

나는 기업 연수를 할 때 반드시 '가정 기반 사고' 트레이닝을 진행한다. 그러면서 참가자들에게 꼭 하는 말이 있다.

"즐기면서 해봅시다!"

팩트 기반 사고의 경우 눈앞에 명확한 숫자가 있다. 배운 대로 조리하면 일단 요리는 완성된다. 하지만 가정 기반 사고를 하려고 할 때는 처음부터 막막해진다. '정말 이 방법으로 괜찮을까?' 싶어서 불안해지고 사고가 멈춰버린다.

나는 그런 이들에게 '필요 이상으로 성실하다'고 말해준다. 심정은 이해하지만, 그런 식으로는 아무리 시간이 지나도 가정 기반 사고는 익힐 수 없다.

그래서 나는 기업 연수 현장에서 사람들에게 즐길 것을 누누이 강조한다. 정답이 무엇인지는 신경 쓰지 않아도 된다. 애초부터 정답 따위는 없기 때문에 잘못될 일도 없다. 그저 게임일 뿐이니,

단순히 즐기면 그만이다. 아이들이 즐겁게 게임을 하는 것처럼 당신도 숫자와 놀면 된다.

이쯤에서 이번 장의 첫머리에 물었던 질문을 다시 생각해보자. '인간의 두피에 나는 머리카락 수는 대충 얼마나 될까?'

이 문제를 진지하게만 생각하면 전혀 즐겁지 않다. 재미있는 보드게임을 할 때처럼 놀이 감각으로 즐겨보자. 나의 추론 과정은 다음과 같다.

'인간의 두피에 나는 머리카락 수는 대충 얼마나 될까?'라는 질문을 생각한다.

이것을 '머리카락은 어느 정도 밀도로 자라나는가?'라는 질문으로 다시 정의한다.

손바닥 전체의 면적에는 대충 머리카락이 몇 개나 나는지를 생각한다.

범위를 좁혀, 손톱 하나의 면적에는 대충 머리카락이 몇 개나 있는지를 생각한다.

↓

손톱 면적은 가로 세로 1센티미터, 즉 1cm²라고 직감적으로 가정한다.

↓

1mm의 폭에 머리카락이 두 개 자란다고 직감적으로 가정한다.

↓

1cm×1cm 공간에는 20×20＝400개 자란다.

↓

손가락 다섯 개의 면적에는 이 1cm² 공간이 총 30개가 들어간다고 직감적으로 가정한다.

↓

손가락 이외의 면적은 손가락 다섯 개를 합한 면적과 동일하다고 직감적으로 가정한다.

↓

손가락 다섯 개를 포함한 손바닥 전체의 면적에 자란 머리카락 수를 계산하면 아래와 같다. 400×30×2＝2만 4,000개

↓

두피의 면적은 손바닥 면적 다섯 개와 맞먹는다고 직감적으로 가정한다.

↓

손바닥 하나에 자란 머리카락 수에 5를 곱해 두피 전체의 머리카

락 수를 계산한다.

2만 4,000개×5＝12만 개

이렇게 나는, 사람의 머리에는 대략 12만 개의 머리카락이 난다는 결론을 내렸다. 물론 이는 내 놀이 방법을 소개한 것에 지나지 않는다. 이 방법 외에도 놀이 방법은 다양하다. 당신은 어떤 방법으로 숫자와 놀고 있는가?

더 인간적으로.

더 직감적으로.

동심으로 돌아가 아이처럼 놀 수 있도록 당신도 숫자로 생각하는 것을 즐기기 바란다. 무슨 일이든 즐기는 것이 가장 효율적인 배움의 방법이다.

즐거운 놀이를 위해서 몇 가지 게임을 더 준비해보았다. 게임을 시작하기 전에 도움이 될 중요한 팁을 먼저 전하고자 한다.

정답이 없는 질문에서
정답을 찾는 법

아까 머리카락 수를 가늠하는 문제에서 수학적이고 어려운 이론은 전혀 사용하지 않았다. 매우 직감적이면서도 단순한 사고가 전부였다. 그 흐름을 정리하면 아래와 같다.

정의 내리기 → 직감적인 가정 → 계산하기

예를 들어 1밀리리터의 폭에 머리카락 두 가닥이 자란다는 가정은 순전히 나의 직감에 따른 것이다. 두피의 면적은 손바닥 전체 면적의 다섯 배와 맞먹는다는 가정도 마찬가지다. 어떤 학술서에서도 보지 못한 내용이다.

그렇다면 나는 어떤 근거로 두피의 머리카락 수가 12만 개라는 결론에 이르렀을까? 그 과정을 이해한다면 당신도 가정 기반 사고에 좀 더 쉽게 다가설 수 있을 것이다.

나는 정의하고, 가정하고, 계산하는 일련의 과정을 통해서 '그걸 어떻게 알아?'라고 할 만한 내용을 '12만 개'라는 구체적인 정보로 변환했다. 다시 말해 '정성적인 말'을 '정량적인 말'로 바꾼 것이다. 이는 언어의 변환이라 할 수 있다. 이렇게 정성적인 정보를 정량적인 수치 정보로 만들어내는 것이 곧 가정 기반 사고다.

아까의 머리카락 수를 묻는 문제에서 나는 '인간의 두피에 나는 머리카락 수는 대충 얼마나 될까?'라는 질문을 '머리카락은 어느 정도 밀도로 자라나는가?'라는 질문으로 재정의했다. 이처럼 밀도의 문제로 다시 정의를 내린 후부터는 원활히 사고를 진행할 수가 있다.

밀도의 문제로 정의한 다음에는, 되도록 작은 면적으로 생각하는 편이 숫자를 파악하기 쉽다는 생각으로 자연스럽게 연결된다. **'손톱의 면적'이라는 기준은 갑자기 하늘에서 뚝 떨어진 아이디어가 아니라 '재정의'라는 작업이 선행되었기에 필연적으로 따라온 결과다.** 만약 이때 다른 정의를 내렸다면 당연히 다른 접근 방식을 취했을 것이다.

팩트 기반 사고도 그렇지만, 가정 기반 사고에서도 가장 중요한 것은 '정의'다.

- 정의
- 직감적인 가정

• 계산

이 세 가지 요소를 연결 짓는 것만으로 '정답이 없는 질문'을 숫자로 생각할 수 있다. 정성적인 언어를 정량적인 언어로 바꾸기 위해서는 다음과 같은 순서로 사고를 진행한다.

'그걸 어떻게 알아?' 싶은 질문에 숫자로 답하고 싶다.

↓

그 질문을 수치화할 수 있는 개념으로 재정의한다.

↓

직감에 따라 가정한다.

↓

필요한 계산을 한다.

↓

정성적인 언어가 정량적인 언어로 변환된다.

이 과정을 숙지하고서 다음부터 나올 문제를 직감적으로 풀어보자.

사고 게임 1.

내가 어제 갔던 그 가게는
돈을 벌고 있을까?

당신이 최근에 들렀던 상점을 한 군데 떠올려보자. 어떤 업종이든
상관없다.

자, 이제 간단한 질문을 하나 던져본다.

Q. 그 가게는 과연 돈을 벌고 있을까?

당신의 답은 어떤가? '그걸 도대체 어떻게 알아?'라는 생각이 절
로 들었는가? 그렇다면 이번 논의에 적합한 주제다.

이제부터 할 일은 문제를 단순화하는 것이다. 일단 어느 하루
의 수익을 숫자로 파악하기로 하자. 이렇게 하는 이유는, 질문을
수치화할 수 있는 개념으로 재정의하기 위해서다.

하루 동안의 수익을 계산하는 과정은 크게 세 부분으로 나눌
수 있다.

- 하루 매상을 계산한다.
- 하루 비용을 계산한다.
- 그 두 가지를 뺄셈한다.

무엇을 할지 계획했다면 지금부터는 직감적인 가정과 계산을 동원할 차례다. 지금부터는 여러분의 생각으로 직접 도전해보길 바란다.

나는 집 근처에 있는 식당을 대상으로 설정해보았다. 가격이 합리적이고 맛도 평균 이상은 되는 식당으로, 점심시간에는 직원들이 너무 바빠서 서비스가 조금 지체되는 경향이 있는 곳이다.

직감적으로 판단하건대, 바쁜 점심시간에 비해 밤 시간대 손님은 그렇게 많지 않지만 이 시간대에는 맥주나 안주 등의 단가를 약간 높게 설정해서 수익을 맞추는 듯하다. 물론 직접 확인한 사항은 아니고 나의 직감에 따른 가정일 뿐이다.

이 가게의 영업시간을 편의상 점심 시간, 오후 시간, 저녁 시간으로 구분해보기로 한다. 각 시간대별 손님의 수와 매상은 아래와 같이 추정한다.

하루 매상 계산하기

[a.m. 11:00~13:00, 점심 시간]

손님 수 : 1시간당 20명이라고 가정. 20명×2시간＝총 40명

단가 : 7,000원

매상: 7,000원×40명＝28만 원

[p.m. 13:00~17:00, 오후 시간]

손님 수 : 1시간당 5명이라고 가정. 5명×4시간＝총 20명

단가 : 7,000원

매상 : 7,000원×20명＝14만 원

[p.m. 17:00~22:00, 저녁 시간]

손님 수 : 1시간당 10명이라고 가정. 10명×5시간＝총 50명

단가 : 1만 원

매상 : 1만 원×50명＝50만 원

〈하루 총 매상〉

28만 원＋14만 원＋50만 원＝92만 원

이제 두 번째 단계로 넘어가 경비를 계산해보자. 아까와 마찬가지로 모든 내용은 직감과 가정을 기초로 한다. 인건비와 원가만으로도 총 경비를 대충 다음과 같이 가정할 수 있다.

하루 비용 계산하기

〈하루 인건비〉

시급 평균 : 1만 5,000원

근무시간 : 평균 8시간

직원 수 : 평균 3.5명

1만 5,000원×8시간×3.5명＝42만 원

〈하루에 지출하는 원가〉

원가 비율은 40퍼센트로 가정

원가＝92만 원×0.4＝36만 8,000원

〈하루 총 비용〉

42만 원(인건비)＋36만 8,000원(원가)＝78만 8,000원

이제 마지막 단계로 두 값의 차를 구해보자.

92만 원−78만 8,000원＝13만 2,000원

하루 매상이 약 13만 원이라는 계산이 나온다. 그런데 실제로

는 여기에 임대료나 광열비 등도 추가될 것이다. 그렇게 생각하면 식당 사장님 입장에서 이 식당이 돈벌이가 될지 우려가 되는 수준이다.

물론 실제로 상황이 어떨지 알 수 없다. 다만 한 가지 힌트가 될 만한 변화가 최근 이 식당에 있었는데, 주문부터 서빙, 뒷정리까지의 서비스를 모두 손님들이 직접 하도록 하는 '셀프서비스'로 전환했다는 사실이다. 개인적으로는 이해가 가는 일이다.

여러분이 설정한 가게의 상황은 어떠한가? 만일 앞으로 그 가게에 어떤 변화가 생긴다면 그 이유도 생각해보기를 바란다. 가게를 리모델링했다든지, 실내 배치를 바꾸었다든지, 직원의 수가 늘었거나 혹은 줄었다든지 하는 데는 다 이유가 있을 것이다.

사고 게임 2.

'요즘 회사 분위기가 좋아졌다'를 어떻게 수치화할까?

이번 문제는 좀 더 난이도가 높은 문제다. 다음 질문에 당신은 어떻게 대답하겠는가?

Q. 당신의 직장은 분위기가 좋은가?

이 질문에는 오래 생각하지 않고 답변할 수 있을 것이다.

"정말 좋아요"라든가 "별로요", 혹은 "최악입니다." 등등 아마도 저마다의 직장에 대해 쉽게 대답을 내놓았을 것이다. 그렇다면 다시 물어보겠다.

'좋다'고 대답한 사람들은 어떻게 좋다고 말할 수 있을까?

'나쁘다'라고 답한 사람들은 어떻게 나쁘다고 말할 수 있을까?

그럼 이도저도 아닌 "뭐라고 표현하기 힘들어요"라고 대답한 당신에게 묻는다. 왜 확실히 말할 수 없을까?

'분위기가 좋다'는 것은 정성적인 표현이다. 어떻게 이것을 정량적인 표현으로 바꿀 수 있을지 생각해보자. 정성적인 언어로 곧장 답하기는 쉬웠지만, 숫자로 설명하기는 아까 문제보다 훨씬 더 어려울 것이다.

하지만 가정 기반 사고의 3단계 정의하기, 직감에 따라 가정하기, 계산하기를 거친다면 이 역시 충분히 풀어낼 수 있는 문제다.

내가 먼저 도전해보도록 하겠다.

---

1. 수치화할 수 있는 개념으로 재정의하기

분위기가 좋은 직장은 어떤 '숫자'가 많은지 생각해본다. 예를 들어 사람들이 많이 웃는 직장일수록 분위기가 좋다고 말할 수 있다. 하지만 현실적으로 웃는 얼굴의 횟수를 세는 것은 어렵다. 그래서 이렇게 정의해본다.

'분위기가 좋음을 표현하는 수치＝동료 사이에 건넨 칭찬의 수'

2. 직감에 따라 가정하기

일반적으로 직장인들은 하루 근무 시간 동안 얼마나 많이 동료를 칭찬하는지 상상해보자. 칭찬을 어색해하는 나 같은 사람은 고작 해야 하루 한 번 정도라고 가정한다. 회사 직원의 수가 100명이라면 그중 20명은 칭찬의 고수, 60명은 보통 수준, 나머지 20명은 나처럼 칭찬에 인색한 사람이라고 친다. 이들이 하루에 동료를 칭찬하는 횟수는 대략 다음과 같다고 가정한다. 울론 모두 극히 개인적인 직감에 의한 추산이다.

칭찬 고수: 하루 다섯 번
보통인 사람: 하루 세 번
인색한 사람: 하루 한 번

3. 계산하기

이 회사에서 하루에 발생하는 칭찬 횟수는

칭찬 고수 : 5번×20명 = 100번

보통인 사람 : 3번×60명 = 180번

인색한 사람 : 1번×20명 = 20번

총 합 = 300번

이 회사의 현재 분위기는 300이라는 숫자로 표현할 수 있다. 지극히 정성적인 표현을 정량적인 표현으로 변환했다. 물론 이런 계산을 처음 실시했기 때문에 비교 대상이 없어서, 지금으로서는 300이라는 숫자라 큰 편인지 작은 편인지를 알 수 없다. 하지만 만일 이 회사가 반년에 한 번씩 이런 칭찬에 관한 의식조사를 실

시해서 데이터를 누적한다면 회사 분위기가 점점 좋아지는지 혹은 나빠지는지를 숫자로 설명할 수 있게 될 것이다. 물론 다른 회사의 표본과도 비교가 가능하다.

비즈니스 현장에서는 '분위기가 좋아졌다'처럼 매우 정성적이면서 흔히 사용하는 말들이 많다.

'조직을 활성화시켰다', '업무의 효율화를 꾀했다', '업무를 정확히 수행하도록 관리감독했다'.

스스로 이렇게 표현해보았자 그저 말에 불과할 뿐이다. 상대방에게 올바로 전달되지도 않고, 당신에 대한 긍정적인 평가로 이어지지도 않는다.

이 책을 여기까지 읽은 당신이라면, 똑같은 상황에서 '활성화', '효율화', '철저한 관리감독'이라는 말을 정성적인 표현이 아닌 정량적인 숫자로 표현할 수 있을 것이다. 정답은 없으므로 틀려도 상관없다. 나만의 참신한 아이디어가 첨가될수록 '흥미로운 생각이네요', '듣고 보니 그러네요.' 하는 긍정적인 반응을 기대할 수 있을 것이다. 그러니 주저하지 말고 도전해보자. 자기만의 놀이 방법을 연구하고 수시로 활용해보자.

사고 게임 3.

당신이 혼자서 1년간 한 일의
경제적 효과는 얼마인가?

월드컵 축구 경기의 경제 효과는 얼마일까? 아이돌 그룹의 콘서트
1회는 경제 효과가 얼마나 될까?

실제로 월드컵 경기나 콘서트의 경제적 효과를 따져서 계산한
신문기사들을 본 적이 있을 것이다. 프로야구도 경제 효과를 예민
하게 따지는 종목 중 하나다. 유명한 선수가 이적하면 그 전의 소
속 팀에 큰 영향을 미치게 된다. 그래서 이전 팀이 타격을 입었다
는 식의 기사가 뉴스를 장식하곤 한다. 이때의 영향이란 그야말로
경제 효과를 가리킨다. 한 명의 스타 선수가 이적할 때는 다음과
같은 영향들을 고려해볼 수 있다.

• 관객을 모으는 데 얼마나 영향이 있을까?
• 팀의 연간 홈런이 몇 개 줄까?

- 그것은 득점이 몇 점 준다는 것을 의미하는가?
- 그것은 승패에 얼마나 영향이 있을까?
- 그것은 순위에 얼마나 영향을 미칠까?
- 그것은 다음 연도 경영에 얼마나 영향을 미칠까?

구단도 경영이 필요하다. 경영자는 틀림없이 위와 같은 생각들을 기초로 숫자를 사용해서 '이적이라는 비즈니스'를 하고 있을 것이다.

그럼 생각해보자. '나'라는 플레이어를 보유한 경영자 입장에서, 본인의 가치를 평가해보자.

Q. 당신 혼자서 1년간 한 일의 경제적 효과는 얼마인가?

"제 일은 수치로 표현할 수 있는 것이 아닌데요"라는 의견도 당연히 있을 것이다. 하지만 지금은 어디까지나 사고를 훈련하는 중이다. 대충이라도 좋으니 당신의 경제적 효과를 숫자로 한번 표현해보라. 당신이 어떤 일을 하든, 반드시 누군가에게 도움이 된다. 그 말은 당신이 누군가에게 가치를 제공하고 있다는 뜻이다. 그리고 그 가치는 반드시 돈으로 환산해서 표현할 수 있을 것이다.

물론 가치를 숫자로 명확하게 표현할 수 있는 일이 있고, 상대적으로 어려운 일도 있는 것은 사실이다. 예를 들어 가전제품이나 아파트처럼 형태가 뚜렷하고 가격이 분명히 명시된 제품을 판매한다면 성과 또한 측정하기가 쉬울 것이다. 하지만 나처럼 강사로 일하는 경우라면, 가치를 수치화하기란 상당히 까다로워진다. 성과가 눈으로 뚜렷이 보이지 않기 때문이다.

기업 연수를 주업으로 하는 내 경우는 어떻게 일의 가치를 수치로 환산할 것인가? 이번에도 가정 기반 사고의 3단계를 적용해 보자.

---

1. 수치화할 수 있는 개념으로 재정의하기

기업 연수의 경제효과를 수치화할 수 있는 개념으로 재정의한다.

연수란 수강생의 퍼포먼스 수준을 향상시켜 주는 일이다. 여기에 성공한다면 그 사람이 창출하는 부가가치도 늘어날 것이다.

즉, 연수의 경제효과 = 수강생인 참가자가 창출하는 부가가치의 증가분으로 산정한다.

↓

2. 직감에 따라 가정하기

한 가지 팩트를 빌려오기로 한다. 한 사람이 창출하는 부가가치는 1인당 명목 GDP로 계산한다. 2000년 기준, 대한민국 국민의 1인당 명목 GDP는 약 3,733만 원이다.

직장인은 연간 200일 근무한다고 가정한다.

'연수에 의한 교육 효과 = 1인당 명목 GDP 1퍼센트 증가'라고 가정
한다.

3. 계산하기

한 사람이 하루에 창출하는 부가가치

3,733만 원÷200일 = 약 18만 6,650원

'연수에 의한 교육효과 = 부가가치 1퍼센트 증가'라는 가정에 의해

부가가치 증가분은 하루에 약 1,867원

수강생이 서른 명이라고 치면 연수 후 부가가치 증가분은 하루당

1,867원×30명 = 약 5만 6,000원

연수의 경제효과 = 하루에 약 5만 6,000원씩 부가가치 증가

내가 기업 연수를 통해 창출하는 부가가치를 이와 같이 계산해
보았다. 만일 어떤 회사의 경영자가 사내 연수를 도입해볼까 검토
하는 중이라면, 당연히 연수라는 투자에 대해 어떤 식으로든 이익
을 회수하고자 할 것이다.

만일 연수를 의뢰하는 데 250만 원의 비용을 지불했다고 한다

면 며칠 만에 투자금을 회수할 수 있을까? 계산하는 방법은 다음과 같다.

250만 원 ÷ 5만 6,000원 = 약 44.6

단순 계산이지만, 불과 45일 만에 회수할 수 있는 투자라고 판단할 수 있다.

비즈니스인 이상, 얼마만큼의 경제효과가 있는지를 숫자로 설명하는 것은 아주 중요하다. 만약 아무런 근거도 없이 강사가 나서서 "사장님, 정말 좋은 연수니까 꼭 해보시죠!"라고 주장해도 좀처럼 설득하기가 쉽지 않을 것이다. 실제로 나는 위의 방법처럼 숫자로 근거를 제시하여 연수 의뢰를 따낸 적이 많다. 이는 강사만이 아니라 세상의 모든 직장인에게 해당하는 이야기가 아닐까?

너무도 중요한 일이기에 한 번 더 강조를 하고 싶다. 어떤 일이든 반드시 누군가에게 도움이 된다. 그것은 즉, 누군가에게 가치를 제공하고 있다는 뜻이다. 그리고 그 가치는 반드시 돈이나 숫자로 환산해서 표현할 수 있다.

보이지 않는 것일수록
숫자로 말해야 한다

내가 준비한 게임들이 흥미로웠는가?

가정 기반 사고를 당신의 무기로 삼는 데 이 게임들이 충분한 훈련이 되었기를 바란다.

4장을 정리하면서, 내가 만나는 모든 직장인들에게 늘 진심으로 전하는 메시지를 당신에게도 남기고자 한다.

'숫자로 말할 수 없는 것을 제공하기 위해서는 숫자로 말하지 않으면 안 된다.'

'감동'이라는 단어를 생각해보자. 사람들은 감동이라는 소중한 감정은 숫자로 측정할 수 없다고 생각한다. 설렘, 사랑, 평안함 모두 마찬가지다. 물론 그 자체를 잴 수는 없다.

당신의 직업은 무엇인가?

건축가, 공무원, 미용사, 화가, 세무사, 교사. 어떤 직종에 있든 당신은 꼭 직접적이 아니더라도 누군가에게 감동, 설렘, 안도감, 안정감 등 숫자로 표현할 수 없는 가치를 선사하고 있다.

그러므로 당신의 일은 숫자로 말할 수 없는 것을 누군가에게 제공하는 것이다.

또한 앞으로도 계속해서 그런 가치를 제공하기 위해 노력하는 것이 당신의 할 일이다.

이를 위해서는 무엇이 필요할까?

나의 대답은 이렇다.

사람답게, 사람밖에 할 수 없는 방법으로 숫자를 만들라.

더 인간적으로, 더 직감적으로.

'그걸 어떻게 알아?'라고 생각할 법한 질문에도 숫자로 말할 수 있는 사람이 되자. 기계는 결코 할 수 없는 일이다. 그리고 그것은 반드시 당신이 하는 일 속에서 무언가를 바꾼다.

숫자로 표현할 수 없는 무언가를 타인에게 제공하고, 만난 적도 없는 누군가의 인생을 풍요롭게 만드는 일. 그것이 우리 직장인에게 최대의 기쁨이 아닐까?

사람을 풍요롭게 할 수 있는 것은 사람뿐이다.

당신이 이 책을 든 이유는
'숫자에 강해지고 싶어서'가 아니다

이 책을 마지막까지 읽어준 독자 여러분에게 감사를 전한다.

전문가로서 자신 있게 말할 수 있는 '숫자로 생각하기'의 본질을 이 책에 담고자 했다. 동시에 읽는 이들 시선에서는 '결국 이게 다구나.' 싶을 정도로 단순하게 정리하고자 했다. 일터에서 필요한 수학은 이것으로 충분하다. 부디 내 이야기를 믿고 숫자로 생각하는 힘을 기르기 바란다. 놀라운 변화를 체감하게 되리라 자신한다.

펜을 놓기 전에 한 가지 덧붙이고 싶은 말이 있다.

나는 교육자다. 교육자로서 한 사람의 성장에 관여하고, 그 사람의 인생을 풍요롭게 하는 것이 내가 하는 일의 의미다. 아직 만난 적 없는 독자를 상상하고, 그 사람의 인생이 지금보다 더 풍요로워졌으면 하는 바람에서 이 책을 썼다.

그렇다면 당신은 왜 이 책을 선택했을까?

숫자에 강해지고 싶어서? 그럴지도 모른다. 하지만 그 안에 더 본질적인 목적이 있을 것이다. 당신이 진정으로 얻고 싶은 것은 직장인으로서 '변화'가 아닐까?

그 변화가 일터에서 보내는 시간에 풍요로움을 더하고, 당신이 하는 일의 의미를 더 빛나게 할 것이다. 실은 당신이 바꾸고 싶은 것은 업무 처리 방식이 아니라 '인생'이다. 그래서 당신은 이 책을 집어 들었다고 말해도 괜찮지 않을까?

이 책을 통해 새로운 것을 느끼고, 도전하고, 조금의 변화를 경험하게 되기를 소망한다. 그리하여 당신이, 당신의 일이, 당신의 인생이 더 좋은 방향으로 움직이기를.

옮긴이 황혜숙

번역이란 단순히 언어를 옮기는 것이 아니라 문화를 옮긴다는 마음가짐으로 작업에 임하는 번역가. 시드니의 화창한 날씨 속에서 해가 갈수록 더해지는 번역의 즐거움을 만끽하며 살고 있다. 건국대학교 일어교육과를 나와 뉴질랜드 오클랜드대학 언어학 석사를 취득했으며, 번역 에이전시 엔터스코리아 출판 기획 및 일본어 전문 번역가로 활동하고 있다.

주요 역서로는 『한 줄 정리의 힘』 『1년에 1000권 읽는 독서 멘토링』 『마음을 울리는 36가지 감동의 기술』 『처음부터 말 잘하는 사람은 없다』 『지루하게 말해 짜증나는 사람, 간결하게 말해 끌리는 사람』 『원고지 10장을 쓰는 힘』 『20대에 반드시 경험해야 할 60가지』 『끝까지 읽지 못한 비즈니스 명저 8』 『사이토 다카시의 2000자를 쓰는 힘』 『플랫폼이다』 『정리교육, 지금 시작합니다』 등 다수가 있다.

일할 때 가장 많이 써먹는 수학

초판 1쇄 발행 2021년 10월 25일

지은이 황혜숙
펴낸이 정덕식, 김재현
펴낸곳 (주)센시오

출판등록 2009년 10월 14일 제300-2009-126호
주소 서울특별시 마포구 성암로189, 1711호
전화 02-734-0981
팩스 02-333-0081
전자우편 sensio@sensiobook.com

기획·편집 심보경, 백상웅 **외부편집** 임성은 **경영지원** 김미라
본문디자인 아울미디어 **표지디자인** 섬세한 곰

ISBN 979-11-6657-043-8 03320

소중한 원고를 기다립니다. sensio@sensiobook.com